韓国には言うべきことをキッチリ言おう！

――いわれなき対日非難「サクサク反論」ガイド

上島嘉郎

ワニブックス
|PLUS|新書

まえがき――岸田訪韓、日本側はもっとも重要な点で譲歩した

国交正常化のため昭和四十（一九六五）年に当時の朴正熙《パクチョンヒ》政権との間に日韓基本条約（日本国と大韓民国との間の基本関係に関する条約）と日韓請求権協定（財産及び請求権に関する問題の解決並びに経済協力に関する日本国と大韓民国との間の協定）を結んで以後、日韓間の過去の諸問題は清算され、わが国は韓国の発展に協力することで未来志向の関係が築けるだろうと認識しました。しかし、その期待はこれまで韓国側に何度も裏切られてきました。

日韓請求権協定の具体的な内容については後述しますが、そこには「完全かつ最終的に解決されたこととなることを確認する」との文言が明記され、この協定には、締約日以前に生じた事由に基づくものに関しては、いかなる主張もすることができないものとする旨の一文もあります。

日韓基本条約の発効から五十周年となった昨年（平成二十七〔二〇一五〕年）十二月

二十八日、安倍晋三首相の指示を受けた岸田文雄外相が訪韓し、尹炳世《ユンビョンセ》外相と会談し、いわゆる従軍慰安婦問題について「最終的かつ不可逆的に解決される」との認識で合意しました。この問題について国際社会で非難、批判することを相互に控えると確認し、併せて元慰安婦を支援する事業のために韓国政府が財団を設立し、日本政府が予算十億円程度を一括拠出することでも一致しました。

「最終的かつ不可逆的に解決」との合意を韓国側が本当に履行するならば、少なくとも日韓間においては、外相会談を決断した安倍首相の「子や孫に謝罪し続ける宿命を負わすわけにはいかない」という思いはある程度満たされることになります。

禍根を残す「軍の関与」という表現

しかし、合意内容は玉虫色で、「互譲」ではなく、日本側は肝心な点で譲歩したと言わざるを得ません。

それは安倍首相が表明したお詫びのなかで、「当時の軍の関与の下に、多数の女性の名誉と尊厳を深く傷つけた問題であり、かかる観点から、日本政府は責任を痛感している」と「軍の関与」にわざわざ言及したことです。これは韓国側の要求だったのでしょう。

軍の関与の実情がどのようなものであったか。日本国内だけでなく、国際社会においても「軍による強制連行」という誤った認識がはびこっている現状で、これに何の説明もないまま改めて言及したことは禍根を残すものです。

慰安婦募集における強制ないし強制性の有無に関しては、日本政府として強制性を認めたことになった平成五（一九九三）年の河野洋平官房長官による談話が、当時の日韓両国政府による政治的妥協の産物でしかなく、歴史的事実に基づかない〝談合〟の結果に過ぎないことは平成二十六（二〇一四）年に行われた政府の検証作業で明らかになっています。河野談話が事実上破綻しているにもかかわらず、「軍の関与」という誤解を広める表現を合意に盛り込んだことは、譲歩というよりも、父祖の名誉を守る細心の注意に欠けていたと言わざるを得ません。

この問題の本質は、日本が国家として軍・官憲を動員して朝鮮半島の若い女性を無理やり慰安婦にしたかどうかであって、そうした〝奴隷狩り〟のような事実はないのです。

従軍慰安婦問題で看過できないのは、歴史の事実に向き合うのではなく、戦前の日本は野蛮な侵略国家だったという前提で、事実に基づかない拡大解釈や明らかな虚偽によって日本の名誉が著しく傷つけられてきたことです。前提に誤りがある以上、これは謝罪によって回復される問題ではなく、「事実」を対外的に発信し、周知徹底するしかありません。これまでの日本政府は、韓国に対しても、国際社会に対しても、積極的に事実を発信し、相互理解に努めるよりも、謝罪と補償によって問題の解決を図ろうとしてきました。しかしそれは、当面の摩擦回避に過ぎず、問題を先送りし続けてきただけです。

合意内容は「口約束」

岸田外相は、財団への資金拠出については、「日韓で協力して事業を行うものであり、『賠償』ではない」と明言しました。また、中韓両国が連携して進めていた国連教育科学文化機関（ユネスコ）の記憶遺産への従軍慰安婦問題に関する資料登録をめぐっては、「韓国が申請に加わることはないと認識している」と述べました。

さらに会談では日本側が慰安婦について「性奴隷」という表現を使わないように求め

たのに対し、韓国側は「日本軍慰安婦被害者」が唯一の公式な呼称だと説明しました。

岸田外相は、会談後、随行の日本記者団に「従軍慰安婦問題に終止符を打った」と胸を張ったとのことですが、合意内容は正式な共同文書として残されてはいません。共同記者発表というかたちをとったことで「国際社会が目撃者」(国際公約)になったと外務省は考えているようですが、その時の政権による「口約束」はこれまでにもあり、朴《パク》槿恵《クネ》大統領の後の政権がこの合意を守る保証はありません。

〈(日韓両政府が)外相会談で合意した場合、来年三月に米国での国際会議に合わせて首脳会談を行い、最終決着を確認した上で共同文書を発表する案が浮上〉(平成二十七〔二〇一五〕年十二月二十七日付共同通信)という報道もありましたが、さて本当に日韓両国の合意が米国の〝お墨付き〟のもとで最終確認されることになるのかどうか。

たしかにケリー米国務長官は、「米国の最も重要な二つの同盟国の関係改善に資する」と合意を歓迎する声明を発表し、合意が「最終的かつ不可逆的」なものであることを強調し、「国際社会に合意を支持するよう求める」と訴えました。ドイツ外務省も「日韓関係は新たな始まりへの展望が開かれる」と声明を出したほか、ビショップ豪外相も「(地域の）国家関係に不可欠な和解を達成しようとする両政府のリーダーシップをたたえる」と述べました（平成二十七〔二〇一五〕年十二月三十日付産経新聞）。

払拭されない国際社会の「性奴隷」という認識

国際社会の多くは日韓の摩擦が軽減されることについて歓迎したわけですが、従軍慰安婦問題に関する基本的な認識は相変わらずでした。たとえば米紙ニューヨーク・タイムズ（電子版）の二十八日付報道は、〈第二次大戦終結から七十年以上を経て、日韓両国が画期的な合意に達した〉としながら、〈日本の帝国陸軍により性奴隷として仕えることを強いられた韓国人女性をめぐる論争が解決される〉というもので、米ＣＮＮテレビ（同）も同日、慰安婦については〈日本の軍部によって使われた性奴隷〉という表現で伝えたほか、英紙ガーディアン（同）も〈日本と韓国は戦時性奴隷の論争を解決することに同意〉と報じました（傍点筆者）。

残念ながら日韓の合意は、当時の実情とは異なる「性奴隷（＝Sex slaves）」という一方的な認識を国際社会において改めることにはつながっていません。

それでも韓国との間で問題が蒸し返されることなく、約束が反故にされないのならば、日本にとっての韓国絡みの頭痛のタネは一つ減ったことになります。

しかし、合意発表の翌日（二〇一五年十二月二十九日）、韓国外務省報道官は定例記者会見で、ユネスコの記憶遺産に従軍慰安婦問題の関連資料の登録を申請する動きに韓国が加わらないという日本政府の認識について「事実無根」だと否定し、日本との間で合意した事実はないと強調しました。これが韓国政府の公式見解であるのなら、岸田外相の「韓国が申請に加わることはないと認識している」という発言は、日本政府の〝願望〟を表明しただけということになります。

慰安婦像撤去に挺対協が猛反発

ソウル特別市にある在韓日本大使館前に違法に設置された「慰安婦像」の撤去に関しても、尹外相は「可能な対応方向について関連団体との協議を通じて適切に解決されるよう努力する」と述べるにとどまり、撤去の確約はしませんでした。

二〇一一年十二月十四日に慰安婦像は設置されました。設置したのは「韓国挺身隊問題対策協議会（挺対協）」という韓国の市民団体です。従軍慰安婦問題の解決を目的に一九九〇年に結成され、日本政府に法的な責任の認定、責任者の処罰、国家賠償などを求めて活発な〝活動〟を続けています。二十年以上にわたって毎週水曜日に日本大使館前でデモを行い、その韓国内での影響力は絶大だとされます。そのデモの千回記念と称して、彼らはソウル・麻浦区に「戦争と女性の人権博物館」を建設するとともに、同鍾路区の日本大使館前に慰安婦像を設置したのです。ちなみに、その日のデモには当時の政権を担っていた民主党を中心に十二名もの日本の国会議員が参加しました。

公道上の設置に関し許可権限を持つ当該の鍾路区は正式に慰安婦像の設置を認めてはいないのですが、日本大使館の抗議に対し、鍾路区も上位機関たる外交通商部も判断を避け、結果として挺対協の違法行為はまかり通っています。外国公館に対する侮辱行為を禁じた「外交に関するウィーン条約」違反は明白であるにもかかわらず、韓国政府は自ら生み出した「反日無罪」の状況を是正できません。慰安婦像の撤去について「努力する」という尹外相の発言が、撤去という結果につながるかどうかはきわめて不透明です。

産経新聞が《日韓合意　支援団体の説得困難》（平成二十七〔二〇一五〕年十二月二十九日付）と報じたように、韓国国内で絶大な影響力を持つ挺対協は「被害者や国民を裏切る外交的談合だ」と合意そのものを非難し、慰安婦像の撤去・移転に関しても「韓国政府の介入はあり得ない」と猛反発しました。

また、かりに日本大使館前の慰安婦像が撤去されたとしても、二〇一四年から一五年にかけてソウル市内や地方で新たに複数の慰安婦像が設置されていて、それらが姿を消すことにはなりません。しかも韓国国内だけでなく米国の諸都市にも慰安婦の碑や像が設置され、そうした韓国系住民の活動が続いている現状を見れば、外相会談で韓国側が示した「第三国での慰安婦関連の動きは支持しない」という表明は、日本にとって国際社会の認識を改める援《たす》けになるものとは思えません。それどころか挺対協の元慰安婦らは、「必ず東京の真ん中にも慰安婦像を建てる」と反発を強めています。

朴大統領は、合意発表の夜、国民向けの談話を発表し、「韓日関係改善と大局的見地から、今回の合意について被害者と国民の皆さんに理解していただけるよう願う」と異例の呼びかけをしましたが、それに応えて、日本側が期待するように韓国が政官民、マスコミとともに変化していくとは思えません。
〈韓国では来年新学期から小学高学年から高校までを対象に、新たに「慰安婦教育」の授業が始まる。「最終的かつ不可逆的な解決」で合意したにもかかわらず、慰安婦像は撤去どころか今後も増え続け、慰安婦問題が韓国国内で〝歴史の真実〟として語り継がれていく可能性は残っている〉（前掲産経記事）という懸念はまさにそのとおりなのです。

安倍首相は周囲にこう語ったといいます。
〈今回は韓国外相がテレビカメラの前で不可逆的と述べ、それを米国が評価するというプロセスを踏んだ。今まで韓国が動かしてきたゴールポストを固定化していくということだ〉、〈ここまでやった上で約束を破ったら、韓国は国際社会の一員として終わる〉（平成二十七〔二〇一五〕年十二月三十日付産経新聞）。

さらに、〈今後、（韓国との関係で）この問題について一切、言わない。次の日韓首脳会談でももう触れない。そのことは電話会談でも言っておいた。昨日をもってすべて終わりだ。もう謝罪もしない〉（前掲産経記事）。

遡《さかのぼ》って十一月二日の朴大統領との会談後、たしかに安倍首相は従軍慰安婦問題について記者団に「早期の妥結を目指して交渉を加速させていくことで一致した」と強調しましたが、その時点では具体的な中身や方向性についての言及はなく、日韓間の認識の隔たりの大きさを踏まえ、会談の成果としては、両国が交渉継続によって関係の安定化を図ることの確認にありました。

このとき韓国側は「早期妥結」について、「年内」と明言することを安倍首相に求めましたが、首相は応じませんでした。首脳会談に向けた事前折衝でも韓国側は、朴大統領主催の昼食会などを交換条件に譲歩を迫ってきたのですが、日本側はそれも拒否しました。安倍首相が「昼飯なんかで国益を削るわけにはいかない」と苦笑したという話は表に出ました。

焦っていたのは朴大統領側

日本は韓国に追い込まれて従軍慰安婦問題の合意を図ったわけではありません。安倍首相の戦略は韓国に対し劣位に立って発想されたものではないのです。朴大統領が早期妥結を求め、対日関係の改善が早急に必要と考えたのは、ここ数年の関係悪化にともなう日本人の「嫌韓」感情を反映した観光客の激減や、日本から韓国への投資や貿易額が減少していること、それによって低迷を続ける韓国経済にさらなる悪影響が出ていることなどが背景にあります。政権への支持率維持のために〝利用〟してきた「反日」が、結果的に自らの首を締めていることに気づいたのでしょう。焦りは朴大統領のほうにありました。

それは次のような事象からもわかります。朴大統領の名誉をコラムで傷つけたとして在宅起訴されていた産経新聞の加藤達也前ソウル支局長に対する判決公判が二〇一五年十二月十七日にソウル中央地裁であり、検察の求刑懲役一年六カ月に対し、李東根《イドングン》裁判長はコラムの公益性を認めて無罪を言い渡しました。

李裁判長は、加藤前支局長がコラムで取り上げた噂の内容を「虚偽」であるとして十分に確認せずに記事化したことは不適切だったと指摘しましたが、「公職者への批判は保障されるべきで、公職者の権限が大きければ大きいほど保障の範囲は広くなり、公的な関心事をめぐる名誉毀損では、言論の自由が優位に立つべきだ」という判断を示し、加藤前支局長のコラムは、「言論の自由を保護する領域内に含まれる」と認定しました。

注目すべきは、李裁判長が判決公判で、韓国外務省から検察を通じて文書が提出されたことを明らかにしたことです。文書は「日韓関係に改善の動きがあり、十二月十八日が日韓基本条約発効五十周年の記念日であるという点も考え、善処を強く求めている日本側の要請を真摯に考慮する必要がある」という内容で、司法の独立という観点からすれば、判決直前に韓国政府がこうした文書を出したのは異例で、結果として検察は控訴を断念しました。

これに続いて十二月二十三日には、日本の朝鮮半島統治時代に動員された軍属の遺族が、日韓請求権協定で韓国人の個人請求権が「完全かつ最終的に解決された」と定めたことは「違憲である」として韓国憲法裁判所に審判を求めていたのに対し、同裁判所は「審判の要件を満たしていない」として、違憲性についての判断を避け、訴えそのものを却下しました。

日本では最高裁判所が違憲審査権を持っていますが、韓国では最高裁とは別に憲法裁判所が置かれています。今回の却下という判断は、個人請求権が「完全かつ最終的に解決された」条項を合憲とするものではありませんが、韓国政府に対し日本に同協定の改定を求めなかった「不作為」を責めることもなく、またその義務も示されませんでした。事前に尹外相が「賢明な判断を期待している」と発言したことなど、加藤前支局長への判決も、憲法裁判所の日韓請求権に関する判断も、韓国政府の強い働きかけがあったことは間違いありません。

一年近く続けられた水面下の交渉

安倍首相はそうした流れになることを見越して、「国際社会の注視」のなか、問題解決の〝ゴールポストの固定化〟をはかったというわけです。年が明けて二月二十二日はわが国の「竹島の日」、三月一日は韓国にとって日本の朝鮮半島統治からの独立運動を讃える「国慶日」、四月には韓国で総選挙があります。日韓間で対立感情がより刺激されかねない時期を避けるとすれば、唐突のように見えて年内合意がぎりぎりの線だったということです。

もう一つ安倍首相が日韓関係の改善に動いた理由は、わが国の尖閣諸島だけでなく東シナ海や南シナ海で、軍事的示威をもって勢力伸長を続ける中国に対する総合的な抑止力の向上で、朴政権になって強まった韓国の中国傾斜に楔を打ち込むことでした。自由と民主主義という共通の価値観を持つ日米韓の連携によって中国の膨張主義を抑えるというのが同盟国の米国の望むところでもあり、現状の韓国がその価値観を本当に共有する国であるかどうかはひとまず措いて、大枠においてその連携を維持することは日米共通の利益となります。もちろん細部にわたってすべて利害が一致するものではないにせよ、米国が今回の日韓合意を背後で後押しし、国際社会に歓迎の意を表明したのはこうした安全保障上の要請があったからです。

唐突に見えた日韓合意ですが、安倍首相の指示による水面下の交渉は一年近く続けられていました。

「子や孫に謝罪し続ける宿命を負わすわけにはいかない」

「東アジアの安全保障上、日米対中韓という関係ではなく、日米韓対中国という関係に引き戻す」

この二つを目的として、安倍首相の指示のもと交渉に当たった中心人物は、産経新聞によれば、日本側は谷内正太郎国家安全保障局長でした。韓国側のパートナーは李丙《イビョン》琪《ギ》大統領秘書室長（元駐日韓国大使）で、朴大統領の側近である李氏が谷内氏を交渉相手に指名してきたとされます。

　合意に向けて日本側が譲歩した点は、従軍慰安婦問題は解決済みという立場を事実上変更したこと、「軍の関与」を認めたこと、この二つになります。歴史認識の大枠は、戦後七十年の安倍談話の内容から外れていないのですが、もともと韓国側は人道的な支援よりも、日本政府の関与を求めてきました。政府による法的な謝罪と補償を勝ち得れば、それは従軍慰安婦問題に関する事実認定においても韓国側の主張の正当性が認められるからです。彼らが河野談話を重視するのはそのためです。今回、元慰安婦を支援する事業に日本政府が十億円程度の拠出を決めたのは、「賠償ではない」と日本側がいくら主張しても、財政支出である以上、「日本が国家として非を認めた」と韓国側が言い募る余地を与えたことになります。

　李明博《イミョンバク》政権時代に当時の野田佳彦政権が、元慰安婦へのお詫びと日本政府の資金による支援金などを柱とする解決案を提示したと報道され、李氏も回顧録にそれについて明かしていますが、平成二十四（二〇一二）年の衆議院解散・総選挙で自民党が政権に復帰したことでこの案は立ち消えになりました。「従軍慰安婦問題は解決済み」というのが自民党の立場だったからです。安倍政権もそれを引き継いでいるはずですが、今回の合意は事実上これを棚上げしたものと言えます。「最終的かつ不可逆的に解決」するために必要と安倍首相は判断したのですが、この首相の賭けは成功したと言えるか――。その答えは、実は今後の日本国民の姿勢にかかっています。

歴史的事実に基づくという原則を守る

武力を行使しない政治としての外交とは折り合いですから、痛快な結果は現実には求めようがありません。

私は、日韓の歴史にお互い不幸なことがあったことを認めますが、その歴史過程が、ただ加害者と被害者の関係であったという二分法は採りません。彼我《ひが》の父祖の歴史をそんな単純な話に括ってはいけない。

歴史的な経緯を踏まえたうえで、そもそも韓国との和解は可能かどうか。あるいは和解を求め得る相手かどうか。日本の国家としての根本的な姿勢は、まず歴史的な事実はどうであったか、すべての議論はそれに基づくという原則を貫くことです。歴史的な事実を棚上げして韓国の被害者感情に一方的に寄り添うことは、わが父祖の名誉のためにもしてはならない。

そしてそれが問題解決にならなかったことは、これまで何度も韓国から味わわされてきた苦汁によって明らかです。

従軍慰安婦問題が「最終的かつ不可逆的に解決」されたとしても、日韓の間には、竹島（島根県隠岐の島町）の韓国による不法占拠のほか、根本的な歴史認識の相違に発する数々の懸案が横たわっています。日韓請求権協定をめぐっては、韓国の最高裁判所が二〇一二年に「損害賠償請求権は同協定で消滅していない」という判断を下して以後、韓国での元徴用工らによる訴訟では、日本企業に賠償を命じた判決が相次いでいます。

徴用工の賠償問題については、日韓両政府ともに日韓請求権協定で「完全かつ最終的に解決されたこととなることを確認」し、解決されたとの立場で一致していたはずです。平成九（一九九七）年に日本で起こされた裁判では、同協定で解決済みとされ、平成十五（二〇〇三）年に原告側が敗訴しています。韓国内での訴訟でも下級審では日本の確定判決の効力を認めて原告側の訴えは退けられていたのですが、「日本の判決は、植民地支配（日韓併合）は合法であるという認識を前提に国家総動員法の原告への適用を有効であると見なしたもので、これは強制的な動員自体を違法と見なす韓国憲法の価値観に反し、人道に反する強制徴用は日韓請求権協定の適用外であり個人請求権は消滅していない」という二〇一二年の韓国最高裁判所の判断によって覆ったのです。

　翌年七月、審理を差し戻されたソウル高裁は新日鉄住金に対し、原告四人に一人当たり一億ウォン（約八百八十万円）を、また釜山高裁は三菱重工に対し、原告五人に一人当たり八千万ウォン（約七百万円）を賠償するよう命じました。

　韓国政府は二〇〇五年に日韓請求権協定をめぐる外交文書を公開しました。当時の盧《ノ》武《ム》鉉《ヒョン》政権は、「韓日会談文書公開の後続対策に関する民官合同委員会」という組織を設け、日本側が拠出した無償三億ドルに個人の補償問題の解決金が含まれているという見解を明らかにしました。しかしながら、従軍慰安婦問題については協定交渉で議題になっていないため、日韓請求権協定の適用外であることを認めたうえで日本の責任を追及し、補償を求めていくという方針を発表しています。

日韓請求権協定の交渉時は、実際に戦前の日本の朝鮮半島統治の実情を知る世代が日韓の大勢を占めていました。慰安婦は貧困による人身売買の被害者であって、国交正常化のための外交協議の問題とはなり得ないという感覚が双方にあったことから議題とはならなかったのです。

韓国にとってそれは無念で不当に感じたでしょうが、「法理」を超えた、あるいは無視した感情的な要求が一方的に正当化されるのでは文明国、法治国家とはいえません。

しかし、盧武鉉政権時代の「適用外」という主張は勢いを増し、韓国憲法裁判所が二〇一一年に慰安婦と在韓被爆者の賠償請求権をめぐる請願について、解決のための手続きをしないのは「韓国政府の不作為」で違憲と判断したことから日本に対する賠償問題が本格的に蒸し返されることになりました。

もちろん、そうした状況をもたらしたのは、韓国政府による個人補償が十分でなく国民の間に不満が残ったこと、協定について国民に説明してこなかったことが原因ですが、日本側にも責任はあります。平成五（一九九三）年の河野談話の禍根に象徴的なように、摩擦回避のために採った歴代政権の過剰な宥和《ゆうわ》外交と、それを助長した朝日新聞をはじめとする反日メディアの日本を貶《おとし》める歴史観の跋扈《ばっこ》が、日韓間の解決済みの問題をいびつに再燃させ、悪化と紛糾を招いたと言えます。これは日韓両国のためになりません。

目次

まえがき――岸田訪韓、日本側はもっとも重要な点で譲歩した　2
禍根を残す「軍の関与」という表現　3
合意内容は「口約束」　5
払拭されない国際社会の「性奴隷」という認識　7
慰安婦像撤去に挺対協が猛反発　8
焦っていたのは朴大統領側　12
一年近く続けられた水面下の交渉　15
歴史的事実に基づくという原則を守る　18

第一章　和解は本当に可能か――金完燮氏との対話　31
金完燮氏とは　32
アメリカによる徹底検閲　35
現代日本の〝焚書坑儒〟　40

悪意ある〝自己検閲〟 43
「韓流」ブームの裏側 51
金完燮氏の叱咤 54

第二章 そもそも従軍慰安婦問題とは何か 59

従軍慰安婦問題とは？ 60
従軍慰安婦問題の発端 62
問題を複雑化した〝トンデモ本〟 66
韓国紙が吉田証言を虚偽としていた 67
朝日新聞のやってきたことを整理すると…… 69
煽ったのは日本側 75
挺身隊は従軍慰安婦？ 81
宮澤訪韓に係わる付け焼刃的対応 84
韓国政府は承知していた 87
ますますエスカレートする 89

加藤談話、河野談話の裏側　93
安倍政権と河野談話　102
慰安婦、存在と境遇の真実　105
事実審理が適用されない従軍慰安婦問題　108
韓国側からの証言　111
このままでは自縄自縛に陥る　120
「強制連行」を歴史的データから見てみる　125

第三章　河野談話の禍根
――クマラスワミ報告、マクドガル報告、米下院決議　129

韓国だけを非難できない　130
結果的に元慰安婦を傷つけている　133
「慰安婦＝性奴隷」を拡散したクマラスワミ報告書　136
「摩擦回避策」が状況を悪化させた　138

第四章 〝謝罪〟という無間地獄――歴代韓国大統領「反日」の系譜 145
かつては韓国も理解していた 146
軍事政権否定に利用 148
無限に続く〝外交問題〟 152
代を重ねるごとに激化する 156
菅談話というオウンゴール 161
〝一線〟を越えた李明博大統領 166
暴走し続ける朴槿恵大統領 170
第五章 日本はどうすべきか――真実を世界に発信し続けよ 175
必要なのは〝覚悟〟と正当な認識 176
「歴史」を虚心坦懐に見てみる 179
あくまでニュートラルに〝経緯〟を見るべき 195
「強制連行」の真実 203

竹島問題の根本　205
慰安婦二十万人はあり得ない　210
朝日新聞と金完燮氏　213
言論の自由も学問追究の自由もない　217
まず「人間」でありたい。そして……　220

あとがき　224

【特別付録】
「サクサク反論」ガイド　もしも韓国にこう言われたら……　233

①日韓併合で日本が韓国の主権を奪った。　234
②日韓併合は日本から圧力がかかった一方的なもの。だから侵略だ。　235
③日本は創氏改名で韓国の民族的アイデンティティを奪った。　236
④日本は朝鮮語をわれわれから奪い取った。　236
⑤朝鮮総督府は韓国の発展に一切貢献していない。われわれを搾取しただけだ。　237

⑥日韓併合がなくてもわれわれは近代化できた。 238
⑦日韓併合がなかったら、われわれはもっと早く近代国家になっていた。 240
⑧安重根は英雄である。 241
⑨二十万人もの従軍慰安婦が日本軍に強制連行された。 241
⑩韓国人は無理矢理徴兵された。 242
⑪「在日」と呼ばれる人たちは強制徴用された人たちの子孫だ。 243
⑫韓国への戦後補償は終わっていない。 244
⑬日本の歴史教科書は本当の歴史を歪曲している。 245
⑭A級戦犯を祀っている靖国神社への閣僚参拝は止めろ。 246
⑮秀吉の出兵、日清戦争、日露戦争、日韓併合等、歴史的に日本は韓国への侵略を虎視眈々と狙っている。 247
⑯独島は歴史的にも韓国領だ。百歩譲って領土問題があるとしても、独島は韓国が実効支配しているのだから、事実上韓国の領土だ。 248
⑰日本人はもともと韓国出身だ。 249
⑱天皇は韓国出身だ。 250
⑲漢字も仏教も陶器も全部韓国が日本に教えてやったものだ。 251
⑳寿司の起源は韓国にある。 251

第一章

和解は本当に可能か

——金完燮氏との対話

ソウル市内在韓日本大使館前に違法に設置された「慰安婦像」（AFP=時事）

金完燮氏とは

韓国との和解は可能か――。これを考えるとき、私は『親日派のための弁明』（草思社）を書いた韓国人作家の金完燮《キムワンソプ》氏の言葉を思い出します。同書は平成十四（二〇〇二）年七月に日本語版が発行されました。

金氏は同書の「日本語版への序文」で率直にこう述べています。

〈韓国で生まれ育った私にはかつて強い反日感情がありました。日本が嫌いで、日本語をまったく学びませんでしたし、日本語を使う人をみると不愉快になりました。〉

金氏は、一九六三年、全羅南道光州市生まれ。高校時代に起きた光州民主化運動で「市民軍」に参加して全羅道庁に籠城し、のちに「国家偉功者」として顕彰されました。八二年ソウル大学物理学部に入学し天文学を専攻。理科系の学生運動経験者で、卒業後、雑誌記者を経て作家になりました。九五年に発表した『娼婦論』がベストセラーになり、九六年から二年間オーストラリアに滞在しました。金氏は海外に出て初めて「実物の日本人」に会い、日本人が思った以上に洗練され、〈韓国人と比べて立派な点が多くあることを知り〉、これが彼の対日観の転機になりました。

〈海外旅行をとおして、国際社会における韓国と日本の位置をより客観的に認識できるようになり、朝鮮の開国期と日本統治について、一方的に歪曲された歴史認識から徐々に抜け出し、バランスのとれた認識がもてるようになった〉と記しています。

九七年にシドニーで「日本の朝鮮支配は結果的によかった」という文章を書くに到り、それを骨子に『親日派のための弁明』を書き上げました。

金氏はさらにこう記しています。

〈私は、歴史を歪曲しているのは日本ではなく韓国だと思う。これは国際社会の一般的な見方でもある。

私たちは歪曲された教育によって、韓日保護条約（一九〇五年）と韓日併合（一九一〇年）が日本の弾圧によって締結されたものであると信じているが、事実はまったくちがう。日本と合併することだけが、朝鮮の文明開化と近代化を達成できる唯一最善の道であった点については、当時朝鮮の志ある改革勢力のあいだに暗黙の合意があったと思われる。この大韓帝国内部の強力な世論にしたがい、日本が合法的な手続きを経て統治

権を接収したとみるのが妥当ではないだろうか。〉

〈日本の統治により朝鮮は多大な発展をとげた。三〇年余りのあいだに一〇〇〇万足らずだった人口が二五〇〇万にふえ、平均寿命は二四歳から四五歳にのび、未開の農業社会だった朝鮮は短期間のうちに近代的な資本主義社会へと変貌した。本土からは優秀な教師が赴任して朝鮮人を教育し、日本政府から莫大な資金が流入し、各種インフラが建設された。〉

こうした金氏の認識は、彼がそれまで学校や家庭で、あるいは社会を通じて学んできた「総督府時代とは、あらゆる朝鮮人が日本人の奴隷として生き、搾取されて死に、追い出された時代だった」という歴史認識を自ら改めたものです。

さらに金氏は、明治開国以後の日本をこう位置付けました。

〈一九世紀末のヨーロッパ人の植民地征服に正当性を求めることはむずかしいが、日本のアジア進出には、世界精神を日本自身が具現するという側面が明らかに存在する。革命をとおして非ヨーロッパ地域で最初に近代的な社会制度を構築し、自律的にブルジョア革命を完遂した日本の明治維新は、世界の歴史上、十分に奇跡といえるものだ。そしてそれ以降の日本の東アジア進出は、西洋帝国主義の侵略とはちがって搾取と収奪が目的ではなく、革命と近代精神を伝播しようとの意図が前提となっている。このような点において十分な正当性をもちうる。日本帝国は朝鮮と台湾で民衆を抑圧する旧体制を清算し、近代的な法の統治を実現させた。その結果、日本が統治する地域の住民は文明の洗礼を受け、より人間らしい暮らしを享受できたのである。〉

金氏のこうした歴史認識は、今日の日本人にとって意外なものかもしれません。なぜなら、戦後の日本の学校教育やマスコミが伝えてきた近代日本の歩みは、日本を「野蛮な侵略国家」と一方的に断罪した東京裁判史観に沿ったもので、日本は「アジアに多大な迷惑をかけた」というものだからです。

アメリカによる徹底検閲

戦後の日本はいまだに、ＧＨＱ（連合国軍最高司令官総司令部）による占領期間中に徹底的に行われた言論・情報の検閲と操作によって、韓国人である金氏の受けた教育の裏返しとして、「総督府時代とは、日本人があらゆる朝鮮人を奴隷として使役し、搾取して死に至らしめ、追い出した時代だった」と思い込まされる構造にあります。

「降伏後における米国の初期の対日方針」という米国の公文書があります。昭和二十（一九四五）年八月二十九日にマッカーサーに示された米国務・陸軍・海軍三省連絡会議による政策文書で、そこには「究極の目的（Ultimate Objectives）」として、〈日本国が再び米国の脅威となり、または世界の平和および安全の脅威とならざることを確実にすること〉と書かれています。

日本という国が、二度とアメリカに刃向かうことのないように、日本人の精神を改造し、日本という国の徹底した弱体化を図るというのが占領時の米国の目的でした。

故江藤淳氏の占領史研究によって明らかにされましたが、占領軍の政策の一つが、日本の放送、新聞、雑誌、書籍、映画、演劇、紙芝居等々、あらゆるメディアに対して徹底的な検閲を行うことでした。この検閲によって、日本語の言語空間、情報空間は、占領目的の実施に好都合なように執拗に変形されていったのです。

たとえば、「八紘一宇」や「神国日本」という言葉は一切使ってはいけないことになり、

「大東亜戦争」は「太平洋戦争」に置き換えられました。検閲基準は、「日本国が再び米国の脅威」とならないようにする日本人の思想改造ですから、大東亜戦争は野蛮な侵略であったと決めつけられ、米英ソ中などの戦勝国のほか「朝鮮」に対する批判も禁じられました。

この言語空間の仕組みは、米国側から見れば、すべてお見通しの素通しのガラス張りになっています。米国にとって日本は常に潜在的〝脅威〟として位置づけられ、日本人の側から見ると、それは「日本国憲法」で裏打ちされた鏡張りの部屋のような構造になっていて、外の世界を律している葛藤の構造も実態も見えず、いつも〝平和〟と〝民主主義〟という記号を押しいただいている自分自身の姿しか見えないという仕組みです。その仕組みを戦後の日本に根づかせるために検閲は決定的な役割を果たしました。

同盟通信社（現在の共同通信社）の二十四時間業務停止命令と、朝日新聞の四十八時間発行停止命令から開始された占領軍民間検閲支隊（ＣＣＤ）の新聞検閲が制度化されたのは、昭和二十（一九四五）年十月八日以後です。昭和二十三（一九四八）年七月二十五日まで全国の主要新聞は「事前検閲」に付せられ、それ以後は、「事後検閲」に移行しました。

この事後検閲が、やがて〝自己検閲（self-censorship）〟になっていったと言えます。事前検閲の場合には、「掲載禁止になるならなれ」といった調子で、思い切った記事や論説を書くことも可能ですが、事後検閲になれば、たとえば本を五千部刷るとしたとき、そのために相当な資金を投下し、宣伝計画までつくります。そして、本ができ、これから配本する段になって、事後検閲に持っていった際に「ＮＯ！」と言われてしまえば、それまでに出版社と執筆者が努力してきたことがすべて水泡に帰してしまいます。経済的な損失も大きい。

したがって、そのような事態を避けるためには、執筆者は自己検閲を行って、占領軍の意向に沿うように原稿用紙のマス目を埋め、出版社、新聞社等は、事後検閲に触れそうな執筆者を最初から忌避するようになっていく。このようにして事後検閲への移行に伴う自己検閲が、あらゆるマスメディアに浸透し、結果的に戦後の日本の言語空間は、ほとんど恒常的に閉鎖された構造となっていったのです。

このように江藤氏は戦後の言論空間に仕込まれた構造を解き明かしたのですが、この空間を支配しているのは、「ウォー・ギルト・インフォメーション・プログラム（War Guilt Information Program＝ＷＧＩＰ　戦争への罪悪感を日本人の心に植えつけるための宣伝計画）」で、日本のマスメディアは今もそれに縛られ、しかも縛られているという意識もないままに自己検閲を継続し、それを日本国民に刷り込み続けています。

戦後の韓国の言論空間はこの裏返しになっています。

金完燮氏は、韓国人にはなぜ反日感情が強いのか、その答えについてある一つの仮定に達したとしてこう述べています。

〈こんにちの韓日関係は戦後日本と韓国を支配してきたアメリカの意図によってつくられた構図ではないかということです。終戦後、韓半島（朝鮮半島）を占領した米軍とソ連軍は、日本軍を武装解除し、朝鮮にいた日本人を着の身着のまま追放したのち、それぞれが自分の操り人形を前面に押しだして韓国と北朝鮮という国をつくりました。その後、韓国と北朝鮮を統治した李承晩と金日成は、ともに強烈な反日指向をもつ人物です。

（中略）

韓国と日本はアメリカに占領された状態で、実質的にはアメリカの植民地としてすごし、一方アメリカは日本を再興させてはならないという意思をもって、韓国において強力な反日洗脳教育をおこなうと同時に、産業面においては韓国を、日本を牽制するための基地として育てました。〉

金氏はこうしたアメリカの意図について、〈有色人種を分割したのちに征服するという「ディバイド・アンド・コンカー（divide and conquer）」の戦略があった〉と述べているのですが、今日の日韓両国にとっての問題は、「（韓国人に）反日感情を意図的につくりだすうえで基本となったのが、歪曲された、まちがった歴史認識にある」ということです。

現代日本の〝焚書坑儒〟

二〇〇一（平成十三）年八月、小泉純一郎首相（当時）の靖国神社参拝問題をめぐって韓国では反日デモが頻発していましたが、『親日派のための弁明』の草稿を掲載した金氏の二つのウェブサイトが「情報通信倫理委員会」という韓国政府の検閲機関によって何の通告もなく閉鎖されました。

さらに同書が出版された二〇〇二年三月、金氏は閔妃《ミンビ》（李氏朝鮮二十六代の国王・高宗の妃）の末裔たちから「名誉棄損」と「外患煽動」で告訴され、逮捕されました。金氏は「こんなことで投獄するなら、日本大使館に亡命を求めざるを得ない」と抗議し、結果的に釈放されたのですが、翌四月には、今度は「刊行物倫理委員会」という政府の検閲機関によって同書が「青少年有害図書」に指定され、事実上書店での販売が禁止されました（韓国における「青少年有害図書」は、ビニールで包装して「十九歳未満購読不可」と表示しなければならず、書店で一般の書籍と一緒に販売できないという規制を受けます）。

『親日派のための弁明』が韓国内で「青少年有害図書」に指定された当時、日本国内でも戦後の言論空間の一端を露呈するような〝事件〟が起きていました。金氏のウェブサイトが閉鎖された平成十三（二〇〇一）年、日本では「新しい歴史教科書をつくる会」のメンバーが執筆に加わった扶桑社の教科書採択をめぐる論議が高まっていましたが、千葉県船橋市の船橋市西図書館（木村洋一館長）で、教科書の執筆者で評論家の西部《にしべ》邁《すすむ》氏ら保守系論者の著書が大量に廃棄処分されていました。

この事件は翌平成十四（二〇〇二）年に発覚し、調査した船橋市教育委員会は、廃棄は同館の女性司書による単独行為との結果を発表、「廃棄された百七冊について木村館長や当該司書ら責任者で費用負担して再購入するとしました。

この事実上の〝焚書坑儒〟に対し「新しい歴史教科書をつくる会」と、著書を破棄された作家の井沢元彦氏らが「表現の自由などの権利を侵害された」として船橋市に損害賠償を求めて訴訟を起こしました。

一審（東京地裁）で須藤典明裁判長は、司書の行為について、「『つくる会』らを嫌悪し、単独で周到な準備をして計画的に行った。公務員として当然の中立公正や不偏不党の精神が欠如していた」と批判し、廃棄処分発覚後の一連の船橋市の対応についても「廃棄の経緯を明らかにせず、責任の所在があいまいなままで幕を引こうとした」と指摘しながらも、「蔵書の取り扱いは市の自由裁量。廃棄基準に該当しない書籍を処分しても、著者は法的責任を追及できない」と請求を棄却しました。二審（東京高裁、雛形要松裁判長）も、司書の廃棄処分は違法行為としながら、著者が法的責任を追及することはできないとして、つくる会側の訴えを退けました。

この裁判は最高裁判所（第一小法廷、横尾和子裁判長）まで争われ、平成十七（二〇〇五）年に「廃棄は著者の利益を侵害する」という初の判断が下され、原告の請求を退けた二審判決が破棄されました。つくる会側の事実上の逆転勝訴ですが、この事件は、船橋市の一市立図書館で起きた特異な例というよりは、戦後日本の言論空間の問題点、WGIPによる〝自己検閲〟の一端が露呈したものだと思います。

悪意ある〝自己検閲〟

自己検閲は「（アメリカにより）歪曲された、まちがった歴史認識」に疑問を差し挟むことを拒みます。そしてそれは時に悪意をともなって、日本の名誉を不当に傷つけるかたちで機能します。やや横道に逸れますが、石原慎太郎氏が東京都知事だった頃、共同通信とTBSテレビが石原氏の日韓問題に関わる発言をいかに捻じ曲げて報じたかを振り返ってみましょう。

「三国人」発言問題というのがありました。

平成十二（二〇〇〇）年四月九日、石原知事が陸上自衛隊練馬駐屯地で行われた記念式典で挨拶した折、「今日の東京を見ますと、不法入国した多くの三国人、外国人が非常に凶悪な犯罪を繰り返している」と指摘し、「大きな災害が起こったときには、大きな騒擾《そうじょう》事件すら想定される。警察の力をもっても限りとする。やはり治安の維持も皆さんの大きな目的として遂行していただきたい」と述べたことを、全国の新聞、放送局に記事を配信する共同通信が、「不法入国した」という元の発言の重要部分を省略して報道したことから、まるですべての外国人が凶悪な犯罪を繰り返しているかのように受け取られ、石原知事は強い批判にさらされました。

石原知事は同年四月十二日の記者会見でこう述べました。

「第三国人というのは差別用語なんですか。辞書にはっきり出ている。私の使っている『大辞林』（三省堂）によれば、一には当事国以外の国の人。二は第二次大戦前、および大戦中、日本の統治下にあった諸国の国民のうち、日本国内に居住した人々の俗称。そして敗戦後の一時期、主として台湾出身の外国人や朝鮮人を指していた。私はこの字義に沿って第一義の意味で、外国人という言葉で使ったんだが、このごろの人には耳慣れない言葉だから、あえて重ねて外国人と言いました。（中略）ずっと在日でいた中国や韓国の人を不法入国したとは思っていません。誤解を招きやすいのだったら、在日の韓国人、朝鮮人の心情を察するにあまりありますから三国人という言葉は心して使わないようにしますけれども。つまりは正当な日本語を正当に使ったのに、その説明がカットされて非常に悪い印象を与えた。誤解されたことは極めて遺憾であります。（後略）」

共同通信は当初、「『不法入国した』との部分が記事中に入っていなかったのは事実だが、記事は『三国人』との言葉を使い、治安出動に言及した発言をニュースとしてとらえたもので、不備な報道ではない」（古賀尚文社会部長）としていました。

石原氏の強い抗議に対し、のちに共同通信は記事の不備を認めましたが、石原氏の「三国人」という言葉に対する認識が正確に読者に伝えられたとは言えません。

先の会見では、記者の側から「三国人という言葉が蔑称として使われてきたことを知事は知らなかったのか」という質問が出され、石原知事は、「差別ではない。識別するためには使っていましたよ。言葉というのは人によって、差別というのは感情の問題ですからね。使い方はいろいろあるでしょう。しかし私はあくまでも第一義として使ったわけです」と答えました。

そもそも「三国人」は、戦後の占領下に米軍の〝指導〟によってつくられた行政用語です。私は当時、雑誌『正論』(産経新聞社発行)の編集者としてこの問題を取り上げ、評論家の呉智英氏に次のように解説していただきました。

〈「第三国」「三国人」は昭和二十七年のサンフランシスコ講和条約以後、規定そのものが無意味になり、事実上死語となっていった。ただ、その後も戦後処理は続いていたため、一九六〇年代までは、新聞でもラジオでも「三国人」はいくらでも使われていた。これがほぼ完全に死語となったのは、この三十年〉で、〈現在では「三国人」が死語となってから成人した記者・編集者がマスコミの中核を占めるようになった〉ため、〈彼らが現在必携する『記者ハンドブック』にある「日米交渉で両国以外の国という意味で使う『第三国』はよいが、戦争中に使われたような朝鮮人、中国人を意味する『第三国人』は使わない」という説明では、「三国人」は戦前・戦中に支那人や朝鮮人を差別するために作られた言葉だと思い込んでしまうだろう。なにしろ、「土人」が「土着人」の意味だとも知らず、「北海道旧土人保護法」の名称が差別的だと大新聞のコラム（朝日新聞『天声人語』平成九〔一九九七〕年五月十日付）が主張するような知的状況である。〉（『正論』平成十二〔二〇〇〇〕年七月号「共同通信用語ハンドブックの罪」）

呉氏によれば、「第三国人」の意味を正確かつ簡潔に説明しているのは『日本国語大辞典』（小学館）で、〈第二次世界大戦後の占領時代に、かつてわが国の統治下にあった諸国の国民（朝鮮人・台湾人）に与えられた名称。一般の外国人（連合国人・中立国人）とは異なる法律上の扱いを受けた。〉というものです。戦勝国・敗戦国以外の第三国だから「第三国」であり、戦勝国でも敗戦国でもないのは、それまで日本の統治下にあったからです。

したがって『記者ハンドブック』の説明は、「第三国人」の成立時期が間違っているだけでなく、それに該当する民族・国民も間違っていることになります。『ハンドブック』では支那人も第三国人に含めていますが、支那は日本の領土ではなく、戦争当事国です。

以上の呉氏の指摘からわかるのは、石原知事に「蔑称として使われてきた」という問いを発した記者の依拠した「三国人」理解にそもそもの誤りがあったということです。

この事例は単に正確な知識の欠如と見なすこともできます。それに対してかつてTBSテレビが石原氏の日韓併合に関する発言を捏造《ねつぞう》して伝えたのは、そこに特定の意図、悪意の存在を指摘せざるを得ません。

平成十五（二〇〇三）年十月二十八日、東京・池袋の東京芸術劇場で開かれた「同胞を奪還するぞ！　全都決起集会」（「救う会東京」主催）で石原知事は基調講演をしました。同集会の趣旨は、北朝鮮に対して経済制裁を実施し、一刻も早く拉致被害者を救出するよう政府に求めるもので、家族会代表の横田滋・早紀江夫妻、蓮池透氏ら約一千五百人が参加しました。

石原知事は、「このままでは拉致問題が風化する。都が朝鮮総連（在日本朝鮮人総連合会）施設に対する固定資産税の徴収に踏み切ったように、政府も経済制裁を行い、北朝鮮を動かすべきだ」と訴えたのですが、そのなかにこういうくだりがありました。

「私たちは決して武力で侵犯したんじゃない。これはむしろ朝鮮半島の国々が分裂しすぎてまとまらないから、結局、彼らの総意でロシアを選ぶか、支那を選ぶか、日本にするかということで、近代化の著しいですね、同じ顔色をした日本人のですね、まあ、要するに手助けを得ようということで、これは世界中の国がですね、合意したなかで合併が行われた。

それをもってね、私は日韓合併の歴史を一〇〇％正当化するつもりはない。彼らの感情からすれば忌ま忌ましいし、屈辱でもありましょう。（後略）」

この発言を、ＴＢＳは同年十一月二日朝放送の情報番組『サンデーモーニング』のＶＴＲのなかで、「私は日韓合併の歴史を一〇〇％正当化するつもりはない」という部分に「私は日韓合併の歴史を一〇〇％正当化するつもりだ」という字幕をかぶせて放送したのです。

ＴＢＳは、同年十一月四日付の番組ホームページに、〈石原知事をはじめ、視聴者の皆様、関係者の皆様にご迷惑をおかけしたことをお詫び申し上げます。

原因については、取材テープの当該発言部分の語尾が聞き取りづらかったため、番組スタッフが誤解してしまいました。音声を故意にしぼったり、加工したのではないかというご指摘を受けましたが、そのような事実はありません。

今後、このようなミスが起こらないように、細心の注意を払うつもりです〉との謝罪文を掲載し、同年十一月五日放送の情報番組『ジャスト』で安住紳一郎アナウンサーが、また九日放送の『サンデーモーニング』では関口宏氏が「石原都知事をはじめ視聴者、関係者に深くお詫びする」と謝罪しましたが、捏造の可能性については否定しました。

〝意図的な操作〟について否定を重ねたTBSですが、同年十一月五日付の読売新聞によれば、TBSは「視聴者からの指摘で間違いに気づいた」と答えています。十月二十八日の集会での発言から十一月二日の番組放送まで何日あったのか。その間、新聞各紙の報道を番組スタッフは一切チェックしなかったのか。かりにも報道番組です。そうした確認もなしに字幕をつくったなどということが考えられるでしょうか。発言が聞き取りづらかったというのなら、なおさら知事は本当にそういう発言をしたのか、と調べ直すのが普通で、「誤って文字スーパーをかぶせてしまった」という言い訳はいかにも不自然です。

同番組の画面右肩に「『日韓併合を正当化』石原知事がまた問題発言」という字幕が入っていたことからも、番組の意図はあらかじめ石原批判にあったということではないか。そうであるなら、「一〇〇％正当化するつもりはない」という発言では都合が悪くなります。これを邪推というならば、番組にコメンテーターとして出演した毎日新聞の岸井《きしい》成格《しげただ》編集委員（当時）は、なぜその場で字幕の誤りを指摘しなかったのでしょう。毎日新聞は「一〇〇％正当化するつもりはない」と正確に石原発言を引用していました。それが誤った発言をもとに、ほかの出演者と一緒になって石原批判を展開したのはなぜか。岸井氏は、集会翌日の十月二十九日付の自社の新聞は読んでいなかったということなのでしょうか。

「韓流」ブームの裏側

金完燮氏の著作に対する措置は韓国の政府機関によるもので、保守系の論者の著書を大量廃棄したのは船橋市の一職員で、教育委員会自体はその行為を問題としましたから、単純に同一視はできませんが、石原慎太郎氏の発言に対するメディアの反応などを含めて考えると、ここに露呈したのは、戦後の日韓両国の言論・情報空間には、戦前の日本の朝鮮半島統治を肯定的にとらえる見解は好ましくない、認められないとする不文律の圧力が存在するということです。

二〇〇二年に日韓はFIFA（国際サッカー連盟）ワールドカップを共催しました。共催決定後の一九九八年、当時の金大中《キムデジュン》大統領が「日本の大衆文化解禁の方針」を表明し、韓国政府は日本文化の段階的な開放を決めました。それまで韓国は日本文化の流入は国民感情を害するとして法令で規制し、韓国の地上波テレビでは日本語の歌や日本のドラマ放送は禁じられていたのですが、それが少しずつ解除され、二〇〇四年にはケーブルテレビなどの有料放送に限って年齢制限付きで日本のドラマ視聴が可能になり、近年は日本のドラマのリメイクや日本の小説・漫画を原作としたドラマ製作も多数行われるようになりましたが、全面的に開放される状況にはありません。

一方で日本には韓国文化の流入を規制する法令は存在しません。それどころか、平成十五（二〇〇三）年にNHKのBS2で放送された韓国ドラマ『冬のソナタ』が人気を博したのを切っ掛けに、NHK、民放がこぞって大量の韓国ドラマを放送し、空前の「韓流」ブームが巻き起こりました。日本の多くのメディアがワールドカップの共催や韓流ドラマの人気に重ねて「日韓友好の時代」を謳い上げましたが、それは戦後の日韓両国の歴史認識の懸隔を乗り越えての友好ではなく、韓国においては金完燮氏、日本においては「新しい歴史教科書をつくる会」や石原氏らの言動を好ましくないものとして非難、抑え込もうとする動きのなかで、表層的に取り繕われたものでしかなかったと言えます。

ワールドカップにおける韓国選手の相次ぐラフ・プレーが反則とされなかった不可解さや、韓国の応援団がドイツ・チームを「ヒトラーの子孫」などと罵倒した逸脱行為を報じなかった日本のメディアに対する批判がインターネットを中心に起きたものの、その声は地上波のテレビや新聞に反映されることはなく、ほとんどが「韓流」ブームに覆い隠されました。

戦後の日本人は一体いかなる言論・情報空間に過ごしてきたか。そこに著しい偏向のあることに気づかない限り、戦後の日本の国家としての根本課題は見えませんし、日韓関係についていくら論じても本質的な相互理解と和解に到ることは決してないでしょう。

金完燮氏の叱咤

ここで金完燮氏の言葉に戻ります。

平成十四（二〇〇二）年七月五日、私は韓国ソウルにいました。金氏に会うためでした。金氏は『親日派のための弁明』日本語版の出版に合わせて七月八日に来日し、記者会見を開く予定でしたが、突然、韓国の検察当局によって出国禁止措置が通告されたのです。雑誌『正論』の編集者として会見取材を予定していた私は、急遽、版元（草思社）の担当者とともに韓国に飛び、直接ソウル市内のホテルで金氏に会って話を聞きました。

金氏が韓国人として日本の朝鮮半島統治をどう認識しているかはすでに述べたとおりですが、インタビューの時間を過ぎ、夕食をともにし、その後ホテルに程近い酒場に移って深夜まで彼と飲みました。同行していた荒木和博氏（現・特定失踪者問題調査会代表）がその間通訳をしてくれていたのですが、金氏と私はビールの杯を重ね、荒木氏がホテルに引き揚げた後は英語で話し続けました。彼は日本語ができず、私は韓国語ができないからです。

私はそこで拙《つたな》い英語表現ながら、同じアジア人の二人が英語で語り合っていることの歴史的な意味について話しました。すると金氏は頷いて、十九世紀末までの欧米列強のアジア侵出の結果が韓国と日本に及ぼした影響について語りました。

金氏は、「開国から韓日合併までの時期を朝鮮のブルジョワ革命期と考えれば、〝日本は頼もしい援軍〟で、日本統治による徹底した旧弊の清算がなかったら、今日の朝鮮半島は世界で最も遅れた地域にとどまっていただろう。歴史の事実を虚心坦懐《きょしんたんかい》に見れば、日本時代は私たちにとって幸運であり祝福であったと言うことはできても、忘れたい、あるいは認めたくない不幸な過去、民族の恥辱だと考えるのは無理がある」と言い、「厄介なのは、日本に関する限り中国や韓国が主張する資料には信憑性がないにもかかわらず、その点を日本が明確に反駁しないことだ」と言って私のためにさらにビールを注文しました。二人ともかなり酔っていましたが、空が白み始めるまで飲み続け、別れ際に金氏はこう語りました。

「日本はきちんとした歴史認識を持っているが、韓国がそれを持っていないから日韓の溝は埋まらないのだとは考えていない。実は、日本も大いに間違っている。それは、なぜ日本の歴代の首相は安易に過去を謝罪するのかということだ。

私のインターネット・サイトを見たある少女から私の主張はおかしいと言われた。韓国政府が捏造した反日の歴史を韓国国内で教えていて、自分たちの学んだ歴史が嘘だとしたら、日本はどうしてそれを黙っているのか。それどころかなぜ謝罪するのか。事実と違うと韓国政府に抗議してくるはずで、抗議してこないということは日本も侵略を認めているということではないか。

この少女の反応は至極まともだと言わざるを得ない。だからこそ日本のほうが先に歴史認識を変える必要がある。いつまで自虐的な歴史認識を抱えているのか。日本ははっきりと事実を主張すべきだ。そうすれば韓国との問題は自ずと解決に向かう。日本政府のやっていることは問題の永遠の先送りである。

韓国にとって日本は非常に重要な国だが、日本にとっての韓国はそれほど重要ではない。日本人は韓国のことにそれほど神経を使わず、興味も持っていない。それが現実なのかもしれない」

金氏は、今日の日本の問題は、反省と謝罪が足りないということにあるのではなく、過去に対する清算があまりにもいきすぎ、事実の主張を軽んじていると言うのです。

韓国に対し、事実に基づいたうえで、言うべきことははっきり言う。この姿勢こそが真の日韓友好につながる。日本が摩擦を回避し続けていては、問題の永遠の先送りにしかならず、また韓国を対等な相手とは見なしていないことにもなる――。

この金氏の〝助言〟は、その後、雑誌『正論』の編集長として日韓問題をテーマとする際の私の指針となりました。

第二章

そもそも従軍慰安婦問題とは何か

2015（平成27）年11月、APEC首脳会議での日韓首脳会談（AFP=時事）

従軍慰安婦問題とは？

日韓両国が平成二十七（二〇一五）年十二月二十八日、いわゆる従軍慰安婦問題について「最終的かつ不可逆的に解決される」との認識で合意したことは冒頭に述べましたが、その後の経過で、日韓両国民の合意内容に対する認識の齟齬《そご》が明らかになってきました。韓国の「韓国挺身隊問題対策協議会（挺対協）」は日本への糾弾をやめず、それに呼応する日本国内の政治勢力も活動を続けています。

「和解」という言葉を『広辞苑』（岩波書店）で引くと、〈争いをしている当事者が互いに譲歩しあって、その間の争いを止めることを約する契約。示談〉とあります。日韓両政府の「合意」は「和解」ではなかったのか。和解には、事実を重視する学問的態度、フェアな姿勢が必要です。それは、戦争に勝った側のみの政治的要求が無条件に認められるということであってはならないし、被害者を主張する側が加害者とされた側に有無を言わせないことでもありません。それではただの勝者の驕《おご》り、被害者の復讐感情の充足であって「和解」とはなり得ません。「和解」の意味を知らず、あるいは、知っていてもそれを求める気のない相手にいくら謝罪や補償を重ねても、それは未来に繋がる関係構築にはならない。日本人が韓国を相手にしたときに必要なのはこの当たり前の判断です。

これを前提に、そもそも従軍慰安婦問題とは何かを振り返ってみましょう。問題の本質は、日本が併合時代の朝鮮半島で、国家として計画的に軍・官憲を動員して大勢の若い女性を無理やり慰安婦にし、戦地の慰安所に送り込んだかどうかなのです。

日本では昭和三十三（一九五八）年に売春防止法が施行されるまで公娼制度がありました。事実としては、売春が合法だった時代の戦地に民間の業者が経営する遊郭があり、そこで朝鮮人（当時は日本国民）慰安婦が働いて報酬を得ていたということです。当時は日本も朝鮮半島も貧しかった。貧困が原因で若い女性が「身売り」することは珍しくありませんでした。そのことを今日の人権観に引きつけて非難しても仕方ありません。

慰安婦と呼ばれる女性たちはたしかに存在しました。しかし、彼女たちは、日本の国家権力によって強制的に戦地に連行され「慰安婦」として「性奴隷」のような扱いを受けたのではありません。貧困が原因で身売りせざるを得なかった女性たちに同情を惜しむものではありませんが、その情をもって事実を棚上げするわけにいきません。歴史的事実として「慰安婦」はいましたが、非難され続けているような「従軍慰安婦問題」は当時なかったというべきなのです。

実相はどうだったのか。東京基督教大学の西岡力教授の『日韓「歴史問題」の真実』（PHP研究所　平成十七〔二〇〇五〕年刊）や現代史家の秦郁彦氏の『慰安婦と戦場の性』（新潮社　平成十一〔一九九九〕年刊）など「従軍慰安婦問題」を否定する研究が世に多く出ていながら、そこでの実証が広く国民一般の認識とならないのは、慰安婦強制連行説を流布し続けた朝日新聞をはじめとするマスメディアの無責任な姿勢と圧倒的な情報量にあります。

従軍慰安婦問題の発端

「従軍慰安婦」という言葉は戦前にはありませんでした。「従軍」とは、「軍属（陸海軍に勤務した軍人以外の者の総称）」という正式な身分を持つ者が軍から勤務を発令され、給与を支給されていたという関係です。たとえば従軍看護婦、従軍記者、従軍僧などがいました。しかしそれらの職種と実態的に異なる慰安婦に、従軍を付けるのはいかにも軍の非人道的な関与を印象付けようとする、戦後のある時期から使われ始めた通俗的な造語と言えます。

「従軍慰安婦」という言葉が本格的に使われ始めたのは、昭和四十八（一九七三）年に発行された、元毎日新聞記者で作家の千田夏光氏による『従軍慰安婦』（双葉社）という本からです。

簡単に言うと、同書は、昭和十六（一九四一）年に関東軍（当時満洲に駐屯）が対ソ戦に備え行った関東軍特種演習（関特演）で、関東軍の後方担当参謀が、朝鮮総督府に二万人の朝鮮人慰安婦の調達を依頼したという話です。看過できないのは、ノンフィクションのかたちをとりながら、〈女性の大半は朝鮮半島から強制動員した〉、〈慰安婦の総数は昭和十三年から同二十年まで八万人とも十万人とも言うが、その大半は朝鮮人女性〉などと何ら根拠も出典も示さず書かれていることです。

現代史家の加藤正夫氏が同書について、証言したとされる参謀の所属が違っていることと、当時はすでに民間業者が営業していたにもかかわらず、演習の秘匿《ひとく》性を損ないかねない〝慰安婦狩り〟をするなどありえない等々の指摘をしています（『現代コリア』平成五（一九九三）年二・三月号）。

『従軍慰安婦』はノンフィクションを名乗れる作品とは言えないのです。同書で父親が慰安婦制度の考案者のように、事実と相違することを書かれた福岡市在住の産婦人科医・天児都《あまこくに》さんが千田氏に抗議したことがあります。産経新聞がそれをこう記事にしました。

〈天児の父でやはり産婦人科医だった麻生徹男は戦時中、陸軍軍医少尉として中国各地を転々とした。昭和13年1月に上海で慰安婦約100人の検診をした経験から、14年6月に『花柳病（性病）の積極的予防法』という論文をまとめ上官に提出した。

麻生はこの中で、検診では「（朝鮮）半島人の内、花柳病の疑いある者は極めて少数なりし」と記し、その理由として日本人慰安婦より若年者が多かったことを挙げている。

ただ、軍の命令で行った検診結果の一例を書いただけだが、千田はそれを論理を飛躍させてこうこじつけた。

「レポートの結果として軍の目は当然のようにそこへ向けられていく。それは同時に、朝鮮人女性の怖るべき恐怖のはじまりでもあった。朝鮮半島が若くて健康、つまり理想的慰安婦の草刈場として、認識されていくことになるのだった」

×　×　×

千田は別のページにも同様の記述をし、麻生の論文が朝鮮人強制連行のきっかけのように書いているが、同書にはこれに関する実証的な裏付けも何もない。（中略）むしろ麻生は論文で「娼楼にあらざる軍用娯楽所の設立も希望す」「これに代わるものとして、より高尚なる娯楽施設を必要とす。音楽、活動写真、図書あるいは運動が良い」と提言しているのである。

「千田は自分の都合のいいところだけ拾い読みし、初めから結論ありきで書いている。完全にフィクション（創作）だ」

こう憤った天児が千田に抗議し、訂正を申し入れたところ、平成8年4月にこんな謝罪の手紙が届いた。

「朝鮮人女性の比率が高くなったのは麻生論文のためではないということで、ご指摘の通り論文を発表されたのが年のかわってからであったことも明確です。私の記述が誤解をまねき、ご迷惑をかけているとすれば罪は私にあります」

ところが、作者自身がこれほど明確に著書の根幹部分での間違いを認めたにもかかわらず、結局、それらの部分を訂正した改訂版は出版されず、『従軍慰安婦』の誤った記述が改められることはなかった。〉（平成二十六（二〇一四）年五月二十日付）

問題を複雑化した〝トンデモ本〟

従軍慰安婦という虚構をさらにおどろおどろしく凄惨に描いた本が昭和五十八（一九八三）年に出ました。吉田清治という自称・元山口県労務報国会下関支部動員部長が「私は奴隷狩りを行った」と書いた『私の戦争犯罪――朝鮮人強制連行』（三一書房）です。

昭和十八（一九四三）年、慰安婦調達の軍命によって韓国の済州島に渡った吉田氏が、日本の軍人とともに若い婦女子二百五人を当たりかまわず狩り集めてトラックで連行したという内容で、今日流布している「慰安婦強制連行」が初めて語られたことになります。同書は目撃談や証言集ではなく、自ら慰安婦狩りを行ったという「告白」で、軍の命令で「挺身隊」として連行したとも書いています。挺身隊は法的に定められた労務動員制度ですから、挺身隊として慰安婦にさせられたとなると、これはまさに日本が国家権力を行使して慰安婦を狩り集めたということになります。

韓国紙が吉田証言を虚偽としていた

吉田氏はこれ以降、慰安婦強制連行の実行者として新聞に再々登場し、講演などで国内外を回るようになりました。韓国に行って土下座謝罪をしたこともあります。その態度は韓国人からすれば、「勇気ある告白者」と映ったようで、「慰安婦＝強制連行」というイメージが強烈に形成されていき、「従軍慰安婦強制連行」という日本国家の悪行があたかも実在したかのようになってしまったのです。ソウル大学の李栄薫《イヨンフン》教授は、「吉田証言は今日の韓国人の集団的記憶形成に決定的に寄与した」と語っています（New daily　二〇〇九年六月一日　引用者註：New dailyは韓国のニュースサイト）。

しかし、この吉田証言が嘘であったことは平成元（一九八九）年には、すでに明らかにされていたのです。同年韓国で『私の戦争犯罪』の翻訳版が出版され、それを読んだ済州島の地元紙『済州新聞』の許榮善《ホヨンソン》という女性記者が検証取材をしました。許記者は地元の古老や郷土史家に取材し、《日帝「済州島で慰安婦205名徴発」住民達は「捏造」日本の恥知らずの商魂に憤慨》という記事で吉田証言を全面否定し、捏造であることを伝えました。これは朝日新聞などが吉田証言をもとに「従軍慰安婦問題」を大きく取り上げる以前ですが、平成四（一九九二）年に秦郁彦氏も済州島で現地調査を行い、まったく信憑性のない話であることが重ねて立証されました。『済州新聞』の記事はこのとき秦氏が現地の図書館で見つけて紹介するまで、韓国内の地方新聞という事情もあってほとんど日本国内では知られていませんでした。

従軍慰安婦問題は、済州島の郷土史家金奉玉氏が、「この本は日本人の悪徳ぶりを示す軽薄な商魂の産物」と批判したように、韓国側から初めに持ち出された問題ではなく、父祖の名誉を何とも思わない「軽薄な商魂の産物」として日本から発せられたのです。

吉田氏自身、後年、〈「本に真実を書いても何の利益もない。関係者に迷惑をかけてはまずいから、カムフラージュした部分もある。事実を隠し、自分の主張を混ぜて書くなんていうのは、新聞だってやることじゃありませんか」〉（『週刊新潮』（平成八〔一九九六〕年五月二・九日合併号）と語っています。恬《てん》として恥じない吉田氏は、秦郁彦氏が形容した「職業的詐話師」そのものです。

朝日新聞のやってきたことを整理すると……

この「職業的詐話師」の話を大いに持ち上げたのが朝日新聞です。韓国政府も国連人権委員会も吉田証言を引用して報告書をつくり、日本非難の根拠としました。事実上、朝日新聞が吉田証言に信憑性と権威を与えたのです。朝日新聞は吉田証言を自ら確認した結果、少なくとも十六回取り上げたと発表しました。

いくつか例を挙げると、「ひと」欄（昭和五十八〔一九八三〕年十一月十日付朝刊）で「朝鮮人を強制連行した謝罪碑を建てる」、平成三（一九九一）年十月十日付（大阪版）で、「慰安婦には人妻が多く、しがみつく子供をひきはがして連行」、夕刊一面コラム「窓論説委員室から」（平成四（一九九二）年一月二十三日付）で、「（朝鮮）総督府の五十人、あるいは百人の警官といっしょになって村を包囲し、女性を道路に追い出す。木剣を振るって女性を殴り、けり、トラックに詰め込む」、「吉田さんらが連行した女性は、少なくとも九百五十人はいた」等々の記事です。

朝日は平成九（一九九七）年三月三十一日付で《従軍慰安婦、消せない事実　政府や軍の深い関与明白》という見出しの特集記事を掲載し、〈徴集（募集）から移送、管理まで政府や日本軍が深く関与したことに否定の余地はない。（中略）重要なのは、何より歴史的な事実だ。まず日本軍の慰安婦をめぐる事実関係を整理する。〉として吉田証言にもこう触れました。

〈吉田清治氏は八三年に、「軍の命令により朝鮮・済州島で慰安婦狩りを行い、女性二百五人を無理やり連行した」とする本を出版していた。慰安婦訴訟をきっかけに再び注目を集め、朝日新聞などいくつかのメディアに登場したが、間もなく、この証言を疑問視する声が上がった。

済州島の人たちからも、氏の著述を裏付ける証言は出ておらず、真偽は確認できない。吉田氏は「自分の体験をそのまま書いた」と話すが、「反論するつもりはない」として、関係者の氏名などデータの提供を拒んでいる。

政府の見解も吉田氏の証言をよりどころとしたものではない。〉

「真偽は確認できない」としながら、真実と信じて報じてきた吉田証言の訂正はなされていません。先に触れた『週刊新潮』での「本に真実を書いても何の利益もない」という発言を朝日は知らなかったのか。朝日が吉田証言を取り消すのはこの十七年後です。また、政府見解は吉田証言を拠りどころとしていないと述べていますが、これも誤りです。

朝日の慰安婦報道がいかに日韓両国の政治に影響を与えたかを見てみましょう。

平成三（一九九一）年八月十一日付（大阪朝刊社会面トップ）の《思い出すと今も涙　元朝鮮人従軍慰安婦　戦後半世紀重い口開く》というソウル特派員の署名記事が、今日の従軍慰安婦問題を決定づけたと言っても過言ではありません。何が問題なのか、全文を載録します。

〈【ソウル10日＝植村隆】日中戦争や第2次大戦の際、「女子挺身隊（ていしんたい）」の名で戦場に連行され、日本軍人相手に売春行為を強いられた「朝鮮人従軍慰安婦」のうち、1人がソウル市内に生存していることがわかり、「韓国挺身隊問題対策協議会」

（尹貞玉《ユンジョンオク》・共同代表、16団体約30万人）が聞き取り作業を始めた。同協議会は10日、女性の話を録音したテープを朝日新聞記者に公開した。テープの中で女性は「思い出すと今でも身の毛がよだつ」と語っている。体験をひた隠しにしてきた彼女らの重い口が、戦後半世紀近くたって、やっと開き始めた。

尹代表らによると、この女性は68歳で、ソウル市内に1人で住んでいる。最近になって、知人から「体験を伝えるべきだ」と勧められ、「対策協議会」を訪れた。メンバーが聞き始めると、しばらく泣いた後で話し始めたという。

女性の話によると、中国東北部で生まれ、17歳の時、だまされて慰安婦にされた。２００―３００人の部隊がいる中国南部の慰安所に連れて行かれた。慰安所は民家を使っていた。５人の朝鮮人女性がおり、1人に1室が与えられた。女性は「春子」（仮名）と日本名を付けられた。一番年上の女性が日本語を話し、将校の相手をしていた。残りの４人が一般の兵士２００―３００人を受け持ち、毎日３、４人の相手をさせられたという。

「監禁されて、逃げ出したいという思いしかなかった。相手が来ないように思いつづけた」という。また週に1回は軍医の検診があった。数カ月働かされたが、逃げることができ、戦後になってソウルへ戻った。結婚したが夫や子供も亡くなり、現在は生活保護を受けながら、暮らしている。

女性は「何とか忘れて過ごしたいが忘れられない。あの時のことを考えると腹が立って涙が止まらない」と訴えている。

朝鮮人慰安婦は5万人とも8万人ともいわれるが、実態は明らかでない。尹代表らは「この体験は彼女だけのものでなく、あの時代の韓国女性たちの痛みなのです」と話す。9月からは事務所内に、挺身隊犠牲者申告電話を設置する。

昨年10月には36の女性団体が、挺身隊問題に関して海部首相に公開書簡を出すなど、韓国内でも関心が高まり、11月に「同協議会」が結成された。10日には、「韓国放送公社」（KBS）の討論番組でも、挺身隊問題が特集された。〉

この記事では名前が出ていませんが、体験を証言したのは金学順《キムハクスン》という女性です。朝日の記事が出たあとの八月十四日、金学順さんは韓国で記者会見していますが、そこで彼女が語ったことは、〈「17歳の時、だまされて慰安婦にされた。２００―３００人の部隊がいる中国南部の慰安所に連れて行かれた」〉という朝日記事とは異なる話でした。

ハンギョレ新聞はこう伝えています。

〈「生活が苦しくなった母親によって十四歳のときに平壌にある妓生（キーセン）の検番に売られていった。三年間の検番生活を終えた金さんが初めての就職だと思って、検番の義父に連れられていった所が、華北の日本軍三〇〇名余がいる部隊の前だった」〉（一九九一年八月十五日付）

ちなみに「検番」というのは、花柳界で芸者屋を取り締まったり、芸者の出先の斡旋をしたり、玉代（料金）の計算、芸者の技芸試験などを行う所で、「検番の義父」というのは、金さんを買った人物ということになります。

朝日は金さんが母親によって妓生の検番に「売られた」という事実を書いていません。これはきわめて重要な点です。貧困から「身売り」せざるを得なかった悲劇なのか、日本の軍・官憲が無理やり拉致して慰安婦にした悲劇なのか、どちらなのかが曖昧にされているのです。

この記事を書いた植村隆記者は韓国語ができ、当時朝日新聞大阪社会部の記者としてソウルに出張し、匿名を条件に元慰安婦の証言を取材したと言明していますが、植村氏の妻は、日本政府に対する補償を求めて訴訟を起こしていた韓国の「太平洋戦争犠牲者遺族会」の常任理事・梁順任《ヤンスニム》氏の娘です。そして金学順さんは訴訟の当事者でもありました。訴えを起こしている原告の身内であるなら、なおさら事実関係の確認には慎重を期さねばならなかったはずです。

煽ったのは日本側

朝日新聞のこの時期の慰安婦報道に連動するかたちで、日本の左翼市民運動家たちの動きがありました。平成元（一九八九）年五月から十二月にかけて『朝日ジャーナル』（朝日新聞社発行、平成四（一九九二）年五月休刊）に〈日本国は朝鮮と朝鮮人に公式謝罪せよ〉という意見広告が掲載されました。広告出稿者は、「朝鮮と朝鮮人に公式謝罪を百人委員会」という市民団体で、その事務局担当の青柳敦子という女性が同年十一月に訪韓し、日本政府を相手に「公式な謝罪と賠償」を求める裁判の原告探しを始めたのです。

青柳氏は翌平成二（一九九〇）年三月にも再び訪韓し、これに「太平洋戦争犠牲者遺族会」が呼応して、同年十月二十二日に二十二人の韓国人が原告となって日本政府を提訴しました。このとき青柳氏は、裁判の方法と内容を説明したうえ、四百万円の裁判費用まで用意したとされます。従軍慰安婦問題の韓国への発信に続き、これに関わる裁判もまた日本からの仕掛けだったわけです。

そして、この裁判が契機となって金学順さんが元慰安婦だったと名乗り出たのです。この後「遺族会」側が分裂し、遺族会の会員三十五人が今度は日本の「日本の戦後責任をハッキリさせる会」（代表・フリージャーナリスト臼杵敬子氏）と連携しました。平成三（一九九一）年十二月六日、サハリン残留韓国人の補償問題訴訟で吉田清治氏を証人に立てた高木健一弁護士や、のちに社民党党首になる福島瑞穂氏らが「第二次訴訟」を東京地裁に起こし、それを後押しするかのように同十日、韓国外務省が従軍慰安婦問題について「日本政府の関与は否定し得ないのではないか」と事実究明を要請しました。

この提訴の際に金学順さんが来日し、各地で講演をしたり新聞やテレビで語ったりしたことで、日本人の間にも「従軍慰安婦強制連行」という虚構があたかも実在した問題であるかのように認識されていったわけです。

しかし、金学順さんは吉田清治氏が描いたような慰安婦狩りの被害者ではありません。東京地裁に提出した訴状の内容はおおむねハンギョレ新聞が報じた内容と同じもので、日本軍による「強制連行」ではなく「人身売買」の被害者なのです。繰り返しますが、朝日新聞はこれを〈「女子挺身隊」の名で戦場に連行され、日本軍人相手に売春行為を強いられた〉と書いて、その後大きなキャンペーンを展開したのです。

当時の加藤紘一官房長官は同年十二月十一日の記者会見で、「政府が関与した資料が見つかっていないので、いま鋭意調べている。これは単に法律や条約の問題だけでなく、多くの人に損害を与え、心の傷を残した問題でもあるので正確に調査を進めたい」と述べ、資料収集に全力を挙げる考えを強調しました。

そして狙いすましたように、翌平成四（一九九二）年一月十一日、朝日新聞は朝刊一面トップで《慰安所　軍関与示す資料　防衛庁図書館に旧日本軍の通達・日誌》と大々的に報じたのです。

〈太平洋戦争中、日本軍が慰安所の設置や、従軍慰安婦の募集を監督、統制していたことを示す通達類や陣中日誌が、防衛庁の防衛研究所図書館に所蔵されていることが十日、明らかになった〉とし、〈国の関与を示す資料が防衛庁にあったことで、これまでの日本政府の見解は大きく揺らぐことになる。政府として新たな対応を迫られるとともに、宮沢首相の十六日からの訪韓でも深刻な課題を背負わされたことになる〉と、あたかも日本軍による「強制連行」の証拠が新たに見つかったような記述です。

さらに社会面でも《「謝罪を」「補償を」の声さらに　朝鮮人慰安婦への軍関与資料》という見出しで、〈日本政府に補償を求めた朝鮮人元従軍慰安婦らの訴訟の行方にも影響を与えそうだ〉と書き、まさに訴訟の後押しを意図したような全体構成でした。

記事は、日本軍による従軍慰安婦の強制連行があったという立場をとる中央大学の吉見義明教授が「日本軍が慰安所の設置や、従軍慰安婦の募集を監督、統制していたことを示す通達類や陣中日誌」を防衛研究所図書館で見つけたというのですが、吉見教授が見つけた「陸支密大日記」は当時陸軍省と中国に派遣されていた部隊との間に交わされた極秘文書で朝鮮半島の状況を伝えるものではありません。しかも秦郁彦氏によれば、研究者の間ではこの資料はすでに周知のものだったのです。

記事を読めば朝鮮半島のことではなく、「北支」「中支」の話であることがわかります。〈中国大陸に慰安所が設けられたのは一九三八年（昭和十三年）とされるが、今回見つかった資料のうち一番古い資料は同年三月四日に作成され、陸支密大日記にとじ込まれていた「軍慰安所従業婦等募集に関する件」と題する「副官より北支方面軍および中支派遣軍参謀長あて通牒（つうちょう＝現在の通達）案」。

日本国内で慰安婦を募集する際、業者などがトラブルを起こして警察ざたになるなどしたため、陸軍省兵務課が作成、派遣軍などに通達された。「募集などに当たっては、派遣軍が統制し、これに任ずる人物の選定を周到適切にし、実施に当たっては関係地方の憲兵および警察当局との連携を密にして軍の威信保持上ならびに社会問題上遺漏なきよう配慮」（カタカナ書きの原文を平がなにするなど現代文に直した）するよう指示、後に参謀総長になった梅津美治郎陸軍次官や高級副官ら担当者が承認の印を押している。

さらに、同年七月に作成された歩兵第四十一連隊の陣中日誌には、B4判の用紙三枚に、各部隊に慰安所設置を求める北支那方面軍参謀長名の通牒の写しがつづられている。

（後略）〉

記事のなかにある通達で重要なのは、常識的に読むならば「社会問題上遺漏なきよう配慮」するよう指示したという箇所です。吉見教授は、〈「軍が関与していたことは明々白々。元慰安婦が証言をしている現段階で『関与』を否定するのは、恥ずべきだろう。日韓協定で、補償の請求権はなくなったというが、国家対国家の補償と個人対国家の補償は違う。慰安婦に対しては、謝罪はもとより補償をすべき」〉とコメントしているのですが、この文書類は日本軍が「慰安婦を強制連行した」証拠とは言えません。

この記事に関し、明星大学教授の高橋史朗氏が〈悪質な業者が不統制に募集し「強制連行」しないよう軍が関与していたことを示しているもので「良い関与」である〉（「新しい日本の歴史が始まる」『文藝春秋』平成八〔一九九六〕年五月号）と述べ、西岡力氏も〈通達は強制連行の証拠にはならない。それどころか、日本軍が民間の軍の諒解をとりつけたと詐称して勧誘する悪質業者を取り締まる内容の文書であり、善意の関与である〉（『よくわかる慰安婦問題』〈草思社　平成十九（二〇〇七）年刊〉）と指摘しています。朝日の記事と高橋、西岡両氏の指摘を比べてみれば、どちらが資料に対して合理的な判断をしているかは明瞭です。

しかも、朝日は関連記事として、〈従軍慰安婦——一九三〇年代、中国で日本軍兵士による強姦事件が多発したため、反日感情を抑えるのと性病を防ぐために慰安所を設けた。元軍人や軍医などの証言によると、開設当初から約八割が朝鮮人女性だったといわれる。太平洋戦争に入ると、主として朝鮮人女性を挺身（ていしん）隊の名で強制連行した。その人数は八万とも二十万ともいわれる〉と根拠不明な説明と数字を並べました。

挺身隊は従軍慰安婦？

朝日が罪深いのは、「挺身隊＝従軍慰安婦」という虚偽を繰り返し読者に刷り込んでいることです。そもそも女子挺身隊は、昭和十九（一九四四）年八月の女子挺身勤労令によって満十四歳以上四十歳未満の女性を対象に居住地や職場ごとに編制された組織で、軍需工場や被服工場などに動員された人たちのことです。

それが韓国では「挺身隊＝慰安婦」と思い込んでいる人たちが多いのは、西岡力氏によれば「統治時代の流言蜚語《りゅうげんひご》に原因」があり、反日独立運動をやっていた共産系の人々が日本の戦争遂行のための労働動員を阻止するために意図的にそうした噂を流した可能性が高いといいます。

戦後の韓国で挺身隊と慰安婦という言葉が混同されてきたところに、吉田証言が伝わり、「やっぱりそうか」と韓国の人々が思うところに、朝日新聞がそれをさらに定着、拡大させ、日韓両国の政治問題にしたという現実の構図は動かし難いと思います。

ちなみに「軍が関与していたことは明々白々」、「『関与』を否定するのは、恥ずべきだろう」と語っていた吉見教授の編集・解説で同年十一月に刊行された『従軍慰安婦資料集』（大月書店　平成四（一九九二）年刊）には、氏の持論である「強制連行」を裏付ける資料はありません。

〈一般には、強制連行というと人狩りの場合しか想定しない日本人が多いが、これは「狭義の強制連行」であり、詐欺などを含む「広義の強制連行」の問題をも深刻に考えてしかるべきであろう〉と述べるのですが、厳密な事実の特定に意味を見出さないのならば、どこまでも拡大解釈が可能です。

吉見教授は、平成九（一九九七）年一月三十一日のテレビ朝日系『朝まで生テレビ』に出演した際に、旧統治下にあった朝鮮半島や台湾の奴隷狩り的な強制連行は物的な証拠がなく確認されていないことや、挺身隊が慰安婦にさせられた例も確認されていないことを認めましたが、日本国民の間に「慰安婦強制連行」という強烈に刷り込まれたイメージの払拭にはつながっていません。

この時期、朝日のキャンペーン報道が影響したと考えられるのが、平成三（一九九一）年十一月に改訂版として刊行された『広辞苑』（第四版）に、初めて【従軍慰安婦】と【朝鮮人強制連行】の二項が収録されたことです。

〈【従軍慰安婦】日中戦争・太平洋戦争期、日本軍によって将兵の性の対象となることを強いられた女性。〉

〈【朝鮮人強制連行】日中戦争・太平洋戦争期に100万人を超える朝鮮人を内地・樺太（サハリン）・沖縄・東南アジアなどに強制的に連行し、労務者や軍夫などとして強

制就労させたこと。女性の一部は日本軍の慰安婦とされた。〉

宮澤訪韓に係わる付け焼刃的対応

民主主義の政治は良くも悪くも国民の持つイメージに左右されます。朝日の「軍の関与」報道を受けた当時の宮澤喜一内閣の官房長官だった加藤紘一氏は、前述のように平成三（一九九一）年十二月に第一次調査を指示したばかりであるにもかかわらず、朝日の記事掲載のわずか二日後（平成四〔一九九二〕年一月十三日）に「筆舌に尽くし難い辛苦をなめられた方々に衷心よりおわびと反省の気持ちを申し上げたい」との謝罪談話を発表しました。

談話は、「旧日本軍が関与していたと思われることを示す資料が防衛庁で発見されたことを承知しており、この事実を厳粛に受け止めたい。従軍慰安婦の募集や慰安所の経営等に旧日本軍が何らかの形で関与していたことは否定できない」というもので、軍の関与が慰安婦の「強制」であったとは認めていません。

加藤氏はさらに、軍の関与の程度は「これから調査していかなければわからない」と述べ、補償問題に関しても「請求権は、国対国では処理済みとの従来の立場に変わりはない」と述べました。

これがボタンの掛け違いになりました。宮澤首相の訪韓直前で韓国内の反日世論を抑えたかったとしても、軍の関与の詳細は「これから調査」するにもかかわらず謝罪し、謝罪しながら補償問題については「処理済み」としたことは整合性に欠けるものです。当座の摩擦回避が大きな禍根となったわけです。そして日本政府のこの態度はその後も繰り返されます。

宮澤首相の訪韓直前、韓国メディアは「日帝が十二歳の女子小学生まで慰安婦に動員！」という反日キャンペーンを展開しました。産経新聞の黒田勝弘ソウル支局長（当時）によれば、前年（平成三〔一九九一〕年）夏に日本のテレビ局が伝えた「美談」とも言える話を、韓国メディアが歪曲して伝えた結果の反日でした。

〈話は終戦の前年、当時ソウルで国民学校（小学校）の先生をしていた日本女性が、女子児童六人を内地（日本）の軍需工場に「女子挺身隊」として派遣したことが戦後も気掛かりで、韓国を訪問して教え子たちの消息をたずね歩き、全員が無事だったことを確認したというものだった。

ところがこの話をもとに韓国マスコミは、韓国の小学校に保管されている過去の学籍簿から「女子挺身隊選抜」の記録を探し出し「日帝の蛮行！」と一斉に伝えた。「女子挺身隊」は工場での勤労奉仕を意味する「勤労挺身隊」だったのだが、韓国では以前から「挺身隊イコール慰安婦」という思い込みが出来上がっていたため、世論は「児童を慰安婦として連れていった」と理解し激高した。マスコミがあえて「工場での勤労動員であって慰安婦ではない」と否定をしなかったからだ。

当時のメモを振り返ると、新聞社説は「十二歳の国民学校生徒まで戦場での性的おもちゃとして踏みにじった」とし「勤労挺身隊は真っ赤なウソ」とまで書いている。テレビ解説は「十二歳の幼い少女を戦場での性のいけにえにするという残酷極まりない日本の蛮行」と伝えている。

韓国の十二歳は数えだから満でいえば十一歳だ。こんな報道がマスコミ挙げて大々的に展開されればどこの国民だって民族感情を刺激され激高するだろう。〉（平成十四〔二

〇〇二）年四月十四日付産経新聞【日韓新考】）

朝日をはじめとする日本国内の反日・左翼メディアと、韓国メディアのこうした事実無視の報道は、日韓離反を進めて両国を「和解」から遠ざけようとする意図で見事に符合しています。

訪韓した宮澤首相は、盧泰愚《ノテウ》大統領との首脳会談で「従軍慰安婦問題では、筆舌に尽くし難い辛苦をなめられた方々に対し、衷心よりおわびと反省の気持ちを申し上げたい」と、八回も謝罪し、韓国国会でも「心の痛むことであり、誠に申し訳なく思っている」と述べました。

韓国政府は承知していた

盧大統領は記者会見で「韓日が同伴者関係を構築するためには、日本が過去の歴史を正しく認識し、過ちを謙虚に反省する土台が必要」と日本側に責任があることを指摘しましたが、一年後に大統領を退任する際、従軍慰安婦問題について『文藝春秋』（平成五〔一九九三〕年三月号「日韓摩擦・韓国の責任」）で浅利慶太氏のインタビューにこう答えています。

〈「（挺身隊問題は）実際は日本の言論機関の方がこの問題を提起し、我が国の国民の反日感情を焚きつけ、国民を憤激させてしまいました」、「そうなると韓国の言論も、日本は反省していないと叫び、日本に対して強い態度に出ない政府の対応はひどいとさらに感情論で煽ってきます。こうした両国の言論の在り方は、問題をさらに複雑にはしても、決して良い方向には導かないと考えているのです」〉

韓国政府も事実関係は承知しているが、メディアに煽動された国内世論対策として日本に強硬姿勢をとらなければならない事情を吐露したと言えます。日本政府もそれに配慮するという政治判断はあり得るとしても、事実に基づかないことを謝罪する必要はありませんでした。事実として誤りのない範囲で「遺憾」の表明にとどめるべきだったと私は考えます。

結果的に朝日新聞の「軍関与」発見の報道、そして日本国の首相、官房長官による謝罪は、「慰安婦はやはり挺身隊として騙され、強制連行されたのだ」という韓国の主張を勢いづけるものになりました。

ますますエスカレートする

一九九二年二月十七日、「国際教育開発」というＮＧＯの代表で韓国人慰安婦の対日補償請求運動を支援する戸塚悦朗弁護士が、国連人権委員会で日本政府に責任を取らせるよう国連の介入を求めました。慰安婦の呼称として「性奴隷（Sex slaves）」を使用するよう日弁連や国連に働きかけたのも戸塚弁護士です。

二月二十五日には、韓国政府が慰安婦の被害者申告センターを設置し、被害の申告と証言の受付を始めるなど、従軍慰安婦問題は具体的な「解決」を求められる政治問題となっていきました。

さらに五月十三日には、国連人権委員会の現代奴隷問題作業部会で、従軍慰安婦について「特別報告官」に情報を提供するようガリ国連事務総長に求める報告が採択されました。報告では日本は名指しされていませんが、毎日新聞の取材に作業部会のクセンチニ議長代理は「旧日本軍の従軍慰安婦問題は当然含まれる」と答えています。以後、国連人権委員会で日本は従軍慰安婦問題の責任を指摘されることになりました。日韓の二国間問題ではなくなったのです。

当時の日本政府は、毅然と「事実ではない」と主張することもなく、事実関係を棚上げして、より色濃い謝罪の表明に向かいました。

同年七月六日、加藤官房長官は従軍慰安婦問題に関し次のような二回目の談話を発表しました。

「(調査の結果) 慰安所の設置、慰安婦の募集に当たる者の取締り、慰安施設の築造・増強、慰安所の経営・監督、慰安所・慰安婦の衛生管理、慰安所関係者への身分証明書等の発給等につき、政府の関与があったことが認められた。(中略) 政府としては、国籍、出身地の如何を問わず、いわゆる従軍慰安婦として筆舌に尽くし難い辛苦をなめられた全ての方々に対し、改めて衷心よりお詫びと反省の気持ちを申し上げたい」

基本的に一月の談話を踏襲した内容で、本人の意に反した「強制的」な慰安婦募集が行われたとは認めていませんが、「誠に心の痛む思いがする。このような辛酸をなめられた方々に対し、我々の気持ちをいかなる形で表すことができるのか、各方面の意見も聞きながら、誠意をもって検討していきたい」と述べ、一月の談話では「司法当局が政府の主張にどういう判断をするのか見守っている」としていた補償についても、「いかなる形で表すことができるか検討する」と、実施の可能性に踏み込みました。

韓国側の働きかけで十一月に盧泰愚大統領の来日が予定されていたことから、それに備え、改めて従軍慰安婦問題の鎮静化をはかろうと二度目の談話を出したのですが、事は日本側の思惑どおりにはいきませんでした。

七月三十一日、韓国政府の挺身隊問題実務対策班（班長・金錫友《キムソクウ》外務部亜洲局長）による「日帝下軍隊慰安婦実態調査中間報告書」が発表されました。報告書には吉田証言が盛り込まれ、「強制連行」を認めなかった日本側に対し、「威圧的連行」があったと主張し、追加調査を求めるとともに日本の歴史教科書への記述と学校教育を通じた「過去の正しい認識」の周知を要請してきたのです。

しかし、西岡力氏によれば、報告書の中身は吉田清治氏や千田夏光氏などの日本の出版物や日本政府の公文書を下敷きにしたもので、韓国で独自に調査したと思われる資料はほとんど付されていませんでした。とくに慰安婦募集の方法についての部分は、元慰安婦の聞き書きが論拠になっておらず、西岡氏は「推測」と断りながら、「矛盾が多すぎて根拠にはできないと思ったのでは」と指摘しています（『日韓「歴史問題」の真実』）。

同書での西岡氏の興味深いもう一つの指摘は、一九九二年十二月の大統領選挙で金泳三《キムヨンサム》氏が当選したことに伴い、新政権への引き継ぎのため帰国した呉在熙《オジェヒ》駐日韓国大使の発言です。

一九九三年一月にソウルで記者会見した呉氏は「従軍慰安婦問題で日本政府は誠実に調査している」と述べたというのです。呉氏は、加藤談話とともに出された「強制連行を証明する資料は出てこなかった」という日本政府の第一次報告を「信用に値する」と述べ、概略、「日本政府が調査をしても探せないという。無条件に当事者の言葉だけを信じてどうして認められるのか。それは韓国政府も同じだ。日本政府が故意に強制動員に対する資料を隠しているとは考えない」と語ったというのです。

西岡氏の見立てによれば、〈調べれば調べるほど出てこないから、「もう、これで納得しましょう」という意味の発言〉で、〈韓国側でも一部の人たちは「強制」の事実はなかったということが分かり、呉大使はそのことを国民に説得しようと発言した〉ものの、呉氏は韓国メディアの袋叩きに遭い、金泳三大統領にも呼び出されて、「運動団体の事務所に行って、元慰安婦たちに謝ってこい」と命じられ晒《さら》し者にされました。

歴史的な事実はどうあれ、「日本が強制連行した」ことは韓国人の意識に固着化し、それ以外では韓国の人心は治まらない状態になったということです。

以後、「日本政府は強制連行をしたということを認めてほしい。そうでなければ韓国世論は納得しない」という〝要請〟が韓国政府から強く寄せられるようになり、これは先に触れた盧泰愚氏の述懐にも滲んでいます。

加藤談話、河野談話の裏側

宮澤内閣の加藤紘一、河野洋平の二人の官房長官を補佐した石原信雄氏（当時官房副長官）の証言によっても、加藤談話に「強制性の認定」が入っていなかったので韓国側が納得せず、元慰安婦の名誉のために強制性を認めるよう改めて要請してきたことが明らかになっています。

元慰安婦の証言を聞いて欲しいという韓国側の要請を容れて、一九九三年七月二十六日、日本政府による元慰安婦十六人の聞き取り調査がソウルで行われました。その結果として同年八月四日に出されたのが河野洋平官房長官による談話です。政府の調査終了が七月三十日ですから、調査に五日間、その後談話の作成は四日間でなされたことになります。政治改革関連法案の処理に失敗した宮澤内閣が総辞職する前で、国家百年の名誉がかかわっていたにもかかわらず、政治決着を急いだ宮澤、河野両氏は後世の日本人に大きな重荷を負わせたことになります。

河野談話の骨子は以下のとおりです。

「今次調査の結果、長期に、かつ広範な地域にわたって慰安所が設置され、数多くの慰安婦が存在したことが認められた。

慰安所は、当時の軍当局の要請により設営されたものであり、慰安所の設置、管理および慰安婦の移送については、旧日本軍が直接あるいは間接にこれに関与した。慰安婦の募集については、軍の要請を受けた業者が主としてこれに当たったが、その場合も、甘言、強圧によるなど、本人たちの意思に反して集められた事例が数多くあり、さらに、官憲等が直接これに加担したこともあったことが明らかになった。また、慰安所における生活は、強制的な状況の下での痛ましいものであった。

なお、戦地に移送された慰安婦の出身地については、日本を別とすれば、朝鮮半島が大きな比重を占めていたが、当時の朝鮮半島はわが国の統治下にあり、その募集、移送、管理等も、甘言、強圧によるなど、総じて本人たちの意思に反して行われた。

いずれにしても、本件は、当時の軍の関与の下に、多数の女性の名誉と尊厳を深く傷つけた問題である。政府は、この機会に、改めて、その出身地の如何を問わず、いわゆる従軍慰安婦として数多《あまた》の苦痛を経験され、心身にわたり癒しがたい傷を負われたすべての方々に対し心からお詫びと反省の気持ちを申し上げる。また、そのような気持ちをわが国としてどのように表すかということについては、有識者のご意見なども徴しつつ、今後とも真剣に検討すべきものと考える。

われわれはこのような歴史の真実を回避することなく、むしろこれを歴史の教訓として直視していきたい。われわれは、歴史研究、歴史教育を通じて、このような問題を永く記憶にとどめ、同じ過ちを決して繰り返さないという固い決意を改めて表明する」

河野談話の問題は、まず前提となった聞き取り調査の杜撰《ずさん》さにあります。聞き取り調査は韓国政府の公館ではなく、日本政府に対する慰安婦賠償訴訟の母体である「太平洋戦争犠牲者遺族会」の事務所で行われ、訴訟の原告側弁護士である福島瑞穂氏がオブザーバーとして立ち会っていました。

しかも、石原信雄氏の種々の証言をまとめてみると、「元慰安婦たちに対して質問はできない」、「話が正しいかどうかの検証もできない」、「内容について公表もできない」という条件が付いていました。密室で一方的に話を聞かされ、「女性たちの名誉の問題だから、強制されたことを認めてほしい」と韓国側から説得されたうえでの聞き取り調査だったのです。

石原氏はのちに「日本政府が日本軍による強制を認めてくれれば、未来永劫、この問題は持ち出さないという暗黙の合意があった。それで強制を認めることになった」と語っています。

ほかにも、自民党の「日本の前途と歴史教育を考える若手議員の会」の平成九（一九九七）年三月十九日の会合で、内閣外政審議室審議官（当時）の東良信氏が、元慰安婦の証言は「（強制性認定の）明確な根拠として使えるものではなかった」と明言しましたが、調査報告書は政府が「個人情報保護」などを理由に開示してきませんでした。

河野談話から約二十年経って、ようやく平成二十五（二〇一三）年十月十六日付の産経新聞が《元慰安婦報告書、ずさん調査　氏名含め証言曖昧　本紙入手》と概要を報じました。

〈報告書はＡ４判13枚で、調査対象の16人が慰安婦となった理由や経緯、慰安所での体験などが記されている。だまされたり、無理やり連れて行かされたりして客を取らされるなどの悲惨な境遇が描写されている。

しかし、資料としての信頼性は薄い。当時、朝鮮半島では戸籍制度が整備されていたにもかかわらず、報告書で元慰安婦の生年月日が記載されているのは半数の８人で空欄が６人いた。やはり朝鮮半島で重視される出身地についても、大半の13人が不明・不詳となっている。

肝心の氏名に関しても、「呂」と名字だけのものや「白粉」と不完全なもの、「カン」

などと漢字不明のものもある。また、同一人物が複数の名前を使い分けているか、調査官が名前を記載ミスしたとみられる箇所も存在する。

大阪、熊本、台湾など戦地ではなく、一般の娼館はあっても慰安所はなかった地域で働いたとの証言もある。元慰安婦が台湾中西部の地名「彰化」と話した部分を日本側が「娼家」と勘違いして報告書に記述している部分もあった。

また、聞き取り調査対象の元慰安婦の人選にも疑義が残る。調査には、日本での慰安婦賠償訴訟を起こした原告5人が含まれていたが、訴状と聞き取り調査での証言は必ずしも一致せず二転三転している。

日本側の聞き取り調査に先立ち、韓国の安秉直《アンビョンジク》ソウル大教授（当時）が中心となって4年（引用者註：平成四年）に行った元慰安婦への聞き取り調査では、連絡可能な40人余に5、6回面会した結果、「証言者が意図的に事実を歪曲していると思われるケース」（安氏）があったため、採用したのは19人だった。

政府の聞き取り調査は、韓国側の調査で不採用となった元慰安婦も複数対象としている可能性が高いが、政府は裏付け調査や確認作業は一切行っていない。〉

こういう杜撰な聞き取り調査にもかかわらず、河野談話では「本人たちの意思に反して」、「官憲等が直接これ（慰安婦の募集）に加担した」と認めて謝罪したのです。加藤談話の内容を越えて、日本政府は自ら「強制」の定義を「日本国家の権力による連行」から「本人たちの意志に反して」慰安婦にされたと拡大したことになります。

河野氏は、談話発表後の会見で記者から「調査結果は、強制連行の事実があったという認識でいいのか」と質問され、「そういう事実があったと。結構です」と答えました。「客観的資料は見つからなかったのか」との質問には、「強制には物理的な強制もあるし、精神的な強制もある。精神的な強制は官憲側の記憶に残るというものではない。しかし、関係者、被害者の証言、それから加害者側の話を聞いている。いずれにしても、本人の意思に反した事例が数多くあるのははっきりしている」と答えましたが、談話と同時に発表された警察庁、防衛庁、法務省などで発見された約百点の慰安婦に関する資料の第二次調査結果には、募集段階での強制連行を裏付ける証拠はまったくありませんでした。

それにさかのぼる平成四（一九九二）年七月に発表された第一次調査（百二十七点）でも証拠は見つかっていません。もし日本の軍・官憲が組織的に関与したとするなら、官僚機構である以上それを示す文書（計画書や命令書の類）が作成されたはずですが、そういうものは見つかっていません。宮澤内閣が約一年半かけて内外で集めた二百数十点に及ぶ公式文書に強制連行を裏付ける資料は一点もなかったのです。

強制連行を示す資料とは逆のものはありました。たとえば内閣官房外政審議室による政府調査報告書には次のような記録があります。

〈一九四二年五月、日本人の業者が朝鮮半島に赴き、東南アジアにおける『軍慰安業務』のためとして女性を募集した。高収入、家族の借金返済の好機、軽労働等の宣伝に応じ多くの女子が応募した。〉〈ビルマにいる間、彼女らは将兵とスポーツをして興じたり、ピクニックや娯楽、夕食会に参加した。彼女らは蓄音機を持っており、町に買い物に出ることを許されていた。日本兵士には結婚を申し込むケースが多く、現実に結婚に至ったケースもあった。〉

これらは一九四四年の米軍戦争情報局の資料で、ビルマ（現ミャンマー）のミートキーナで二十人の朝鮮人慰安婦と二人の慰安所経営者を米軍が尋問した際の記録です。

改めて河野談話当時の内閣官房の中枢にいた石原氏の発言を再録しておきます。

〈「（河野談話は）日韓の未来志向のためには、本人の意に反して慰安婦になったことを認めることが、その後の日韓関係を深める上で、必要だったという判断だったと思う。だが、韓国側が慰安婦はすべて強制だとか、日本政府が政府として強制したことを認めたとか、誇大に宣伝して使われるのは、あまりにひどい。韓国政府関係者の言い分は、（当時と）ぜんぜん違った形になっている。（具体的には）いろいろな国際会議で、日本政府が政府の意図で韓国女性を強制的に慰安婦にしたと言っているが、全く心外そのものだ。談話には書いてないが、納得ずくで慰安婦になっていた人だっている」〉（平成十七〔二〇〇五〕年八月三日付産経新聞）

このインタビュー当時の韓国大統領は、「反日」を色濃く打ち出していた盧武鉉《ノムヒョン》氏で、この年の三月一日にソウル市内で開かれた「三・一抗日運動」の記念式典では、村山談話の「痛切な反省と謝罪」を引用し、韓国政府が対日賠償請求権を放棄した昭和四十（一九六五）年の日韓基本条約と日韓請求権協定を否定するかのように、「日本は賠償すべきは賠償しなければならない」と発言しました。

安倍政権と河野談話

河野談話について、第一次安倍政権は平成十九（二〇〇七）年に「政府が発見した資料には、軍や官憲による強制連行を直接示す記述はない」という答弁書を閣議決定しました。安倍首相が河野談話の弊害を承知しているのは間違いなく、平成二十四（二〇一二）年九月の自民党総裁選のときにも、「談話の核心をなす強制連行を証明する資料はなかった。新たな談話を出すべきだ」と力説しました。

平成二十六（二〇一四）年六月二十日、第二次安倍政権下で河野談話に関する政府の検証結果が公表されました。主導したのは菅義偉官房長官で、検証に当たったメンバーは、弁護士で元検事総長の但木敬一氏を座長に、秋月弘子氏（亜細亜大学国際関係学部教授）、有馬真喜子氏（元アジア女性基金理事、ジャーナリスト）、河野真理子氏（早稲田大学法学学術院教授）、秦郁彦氏（現代史家）の五人です。

政府は正式には「河野談話作成過程等に関する検討チーム」とし、報告書の正式名称も「慰安婦問題を巡る日韓間のやりとりの経緯～河野談話作成からアジア女性基金まで

〜」となっています。（全文閲覧が可能。http://www.mofa.go.jp/files/000042173.pdf）
「検討チーム」としたのは、あくまで談話の「見直し」を前提としないという政府の意向の表れで、「強制連行」を否定するための反証ではないという曖昧な位置づけは残念ですが、報告書には当時の日韓両政府が談話の文言を原案段階から入念にすり合わせた経緯が明らかにされています。

談話作成に関し、平成五（一九九三）年七月の日韓外相会談で、当時の武藤嘉文外相が「文言は内々に事前に相談したい」と申し入れ、両国の事務レベルで文言調整が始まったことや、慰安所の設置や慰安婦募集に際しての日本軍の関与について、韓国側が「軍の指示」と表現するよう要求したこと。それを受けて最終的に「軍の要請を受けた業者があたった」としたことなど、文言のすり合わせが事細かに行われた事実が確認されています。

このことは河野談話が歴史的事実に基づくものではなく、日韓両政府の〝合作〟だったことを証明しています。

〈【報告書ポイント】
・日本側は、元慰安婦への聞き取り調査終了前に談話の原案を作成。聞き取り調査結果に対する裏付け調査を実施せず
・日本側は韓国側に発表文の事前相談を申し入れ、水面下で文言を調整。調整の事実の非公表も確認
・韓国側は、日本側が一部修正に応じなければ「ポジティブに評価できない」と通告。「日本に金銭的補償は求めない方針だ」とも伝達
・日本側は「調査を通じて『強制連行』は確認できない」と認識。韓国側から慰安婦募集の強制性の明記を求められ、「総じて本人たちの意思に反して」で調整〉（平成二十六〔二〇一四〕年六月二十一日付産経新聞）

事実として、拙速な談話作成ではなかったのです。原案が日韓両国ですり合わされ、聞き取り調査終了前に作成済みだったことは、「初めに結論ありき」で、そうであれば聞き取り調査の裏付け作業は必要なかったというわけです。聞き取り調査の内容が談話

の直接的根拠ではないのですから、これは日本国民を騙《だま》した噴飯ものの談話というほかありません。

しかも、議論の沈静化をもたらすどころか、証拠資料も裏付けもないのに「官憲等が直接加担したこともあった」と認めた一文が拡大解釈され、さらに河野氏の記者会見における発言も相俟《あいま》って、「日本政府は公式に強制連行を認めた」と国際社会に広められ、日本は「朝鮮の若い女性を性奴隷にした」という汚名を着せられ、それが定着していくことになったわけです。

慰安婦、存在と境遇の真実

これまで慰安問題がどのように惹起《じゃっき》され、日韓両国の間で政治問題化してきかという経緯を見てきましたが、では一体、慰安婦の存在とその置かれた境遇の真実はどこにあるのでしょうか。

河野談話が出された平成五（一九九三）年の三月、事前調整のために訪韓した外務省の課長に、韓国外務省の局長から「これに全部書いてあります」と渡された『証言 強制連行された朝鮮人軍慰安婦たち』（韓国挺身隊問題対策協議会・挺身隊研究会編）という本（証言集）があります（『日韓「歴史問題」の真実』）。

韓国の挺身隊研究会によって四十人の元慰安婦の聞き取り調査が行われ、その結果をまとめたものです。先に取り上げた産経新聞の《元慰安婦報告書、ずさん調査 氏名含め証言曖昧 本紙入手》という記事にあったように、四十人の聞き取りに対し二十一人の証言が、内容に混乱や矛盾があって収録されませんでした。

証言内容から残り十九人のうち十五人は貧困ゆえの人身売買被害者で、日本による「強制連行」に該当し得るのは四人でした。そのうち尹頭理《ユンドウリ》さんは韓国の釜山、姜徳景《カンドクキョン》さんは日本の富山の慰安所で働かされたと証言しているものの、どちらの都市にも多数の娼家はあっても軍の慰安所はありませんでした。

残った二人が日本政府を提訴した原告でもある金学順《キムハクスン》さんと文玉珠《ムンオクチュ》さんでした。しかし、この二人の訴状に書かれた内容と証言集における内容は著しく異なっていました。証言集では二人とも「強制連行された」と答えていますが、訴状ではいずれも「妓生」

として売られたと書かれているのです。彼女たちは途中で証言を変え、強制連行の話を付け加えたとしか思えないと西岡氏は指摘しています。

この証言集のために聞き取り調査を行った挺身隊研究会に参加した安秉直《アンビョンジク》ソウル大学教授は証言集にこう書いています。

〈「調査を検討するにあたってとても難しかった点は、証言者の陳述が論理的に前と後ろが合わない場合がめずらしくなかったことだ。このような点は、すでに五十年近く前のことであって記憶の錯誤から来ることもありうるし、証言したくないことを省略したり適当にまぜこぜにしたりすることからもありうるし、またその時代の事情が我々の想像を超越するものかもしれないという点もあった。

この中でも調査者たちをたいへん困難にさせたのは、証言者が意図的に事実を歪曲していると感じられるケースだ。（中略）ある場合には調査を中断せざるを得ないケースもあった。このような場合は次の機会に再調査することを約束するしかなかった」〉（前掲書）。

こうした調査の困難ゆえに、四十人を対象にしながら残ったのは十九人だったということです。これについて西岡氏は安教授らの調査は〈少なくとも本人の話していること が前と後で相互に矛盾していないかどうか、歴史的な事実と明らかに矛盾していないか どうか、ということは最低限チェックしている唯一の調査〉であるとし、〈日本の政府 調査よりも立派〉だと評価しているのですが、十九人のなかに強制連行を証明できる人 はいません。

また、日本政府が行った聞き取り調査に出てくる盧清子さん、沈美子さん、ふじ子さ ん、呂福実さんの四人も「日本の軍・官憲による強制連行」を主張しましたが、この証 言集には調査対象として聞き取りをされながら、その証言は採用されていません。〈安 秉直教授らの調べで重大な矛盾が出てきて不採用になったということですから信憑性は ない〉(前掲書)ということになります。

事実審理が適用されない従軍慰安婦問題

従軍慰安婦問題で日本政府に対する責任追及の急先鋒に立ったのが戸塚悦朗氏や高木

健一氏、福島瑞穂氏ら、いわゆる人権派弁護士です。人権尊重・人道重視という立場を表明する彼らが、なぜ私たちの父祖の過去の問題についてだけは冤罪《えんざい》の可能性を考えないのでしょう。「疑わしきは被告人の利益に」というのは刑事裁判における原則です。私は法律の専門家ではありませんが、彼らがこの原則に立たないことに彼らのイデオロギー（思想傾向）を感じます。

一般的に刑事裁判では検察側が挙証責任を負いますが、被告人側が自らに不利な内容について合理的な疑いを検察側に提示できた場合、裁判官は被告人に対し有利に事実認定をします。

人権派弁護士は、国家犯罪と個人の犯罪容疑の追及は違うという考えなのでしょうか。国家にも個人の人格と同じ「国柄」があります。名誉ということでは同じはずです。国家もまた事実認定において誤った罪状をもって裁かれてはならない。かつてブッシュ米大統領が大量破壊兵器の秘匿《ひとく》を理由にイラクを攻撃した折、証拠のない武力行使であると米国を非難する側に彼らは立っていたはずです。日本国家の慰安婦強制連行についても、「確実な証拠の有無」によって判断されてしかるべきです。法概念の原則はそういうことです。

事実認定を無視した怒りや嘆きといった感情で決めつけられてはかないません。事実審理が前提のはずですが、従軍慰安婦問題の日本国に対する責任追及にはそうした原則は適用されないとでもいうのでしょうか。戦前の日本を一方的に断罪するために東京裁判が「罪刑法定主義」（いかなる行為が犯罪となるか、これに対していかなる刑罰を科するかは、その行為前に制定された法律によって定めなければならないとする近代自由主義刑法の根本原則）を完全に無視したように、従軍慰安婦問題で日本を追及するためならどのような手段も許されると考えているのでしょうか。

人権尊重・人道重視を掲げる人たちの胡散臭《うさんくさ》さを感じないわけにはいきません。歴史的な事実の厳密な確認を棚上げし、被害者感情を大上段に振り上げて日本糾弾に血道をあげるのはなぜか。彼らは結局、ＷＧＩＰによって思想改造を施された「日本人の心に罪悪感を植え続ける」人々なのだと思えてなりません。本当に戦時下の女性が晒された性暴力の被害を救済したいというのなら、福島瑞穂氏をはじめ岡崎トミ子氏、吉川春子氏、千葉景子氏らが推進した「戦時性的強制被害者問題の解決の促進に関する法律案」

の対象から、なぜ日本人女性は除外されていたのでしょう。

韓国側からの証言

イデオロギーに拘泥すると「生活者」という視点からの物事が見えなくなると私は考えています。あの時代に生きた韓国の人々は実際に何を経験し、何を感じたのか。元慰安婦の証言だけでなく、以下のような語りにも耳を傾けることが公正を期するものです。

一九二六（大正十五）年に京城で生まれた朴贊雄《パクチャンウン》氏は、〈数え年二十歳で終戦を迎えた者として、この世を去る前に率直な心情を書き残しておきたい気持ち〉から平成二十二（二〇一〇）年、『日本統治時代を肯定的に理解する』（草思社）という本を著しました。

朴氏は《序に代えて》でこう述べています。

〈当時朝鮮は日本の植民地になったおかげで、文明開化が急速に進み、国民の生活水準がみるみるうちに向上した。学校が建ち、道路、橋梁、堤防、鉄道、電信、電話等が建設され、僕が小学校に入るころ（昭和八年）の京城《けいじょう》（現ソウル）は、おちついた穏やかな文明国のカタチを一応整えていた。

日本による植民地化は、朝鮮人の日常の生活になんら束縛や脅威を与えなかった。（中略）独立後の南韓（韓国）・北朝鮮における思想統制とそこからくる国民一般の恐怖感と比べるとき、かえって南北朝鮮人は終戦後の独立によって、娑婆の世界から地獄に落ち込んだのも同然であった。

このような事実描写に対し、「非国民」あるいは「売国奴」呼ばわりする同胞も多かろうが、そういう彼らに対し、僕は一つの質問を投げかけたい。

日政（日本統治）時代に日本の官憲に捕えられて拷問され、裁判にかけられて投獄された人数及びその刑期と、独立後に南韓または北朝鮮でそういう目に遭った人数とその刑期の、どちらが多く長かったであろうかと。（中略）

今の若い連中は教科書や小説等の影響を受けて「当時の朝鮮人は皆、日本を敵国と見なし、ことあるごとに命を投げ出して独立運動をした。日本の特高が全国的に監視の目をゆるめず、多くの愛国者が次々と捕えられて処刑された」という自己陶酔的な瞑想に

耽っているが、これはウソである。〉

朴氏が生まれた大正十五（一九二六）年は、斎藤実・第三代朝鮮総督の時代です。斎藤は大正八（一九一九）年八月から昭和六（一九三一）年九月まで、途中二年弱の山梨半造総督の時代を挟んで、約十年総督を務めています。日本の朝鮮統治はほぼ三十五年間ですから、その三分の一近くが斎藤総督の時代ということになります。

斎藤の統治は、初代寺内正毅、二代長谷川好道と続いた「武断政治」に対し、「文化政治」と言われ、「治安の維持」、「地方制度の整備」、「教育の普及及び改善」、「産業の開発と発展」、「交通の整備と衛生の改善」の五つを柱に朝鮮統治の基礎を築きました。

当時英国の植民地政策学・植民地統治研究の専門家で、王立地理学会特別会員だったアレン・アイルランドは斎藤総督についてこう述べています。

〈総督は、公明正大で寛容な施政により朝鮮を統治しようという真摯な思いで生き生きしていた。そして、彼は卓越した改革を成し遂げた。教育の問題においては、実に惜しみなく人々の教養に対する意欲に力を貸し、政治的野心については、無益に独立を望む気持ちを助長するものは如何なるものにも断固反対する一方、熱心に地方自治を促進し、日本人と朝鮮人の関係に友好と協力の精神をしみ込ませようとしていた。（中略）朝鮮人と日本人の関係性は、着実にそして加速度的に改善されてきていると私は確信を持っている。〉（『THE NEW KOREA』邦訳・桜の花出版　原本は一九二六年刊）

朴氏が生まれたのは、斎藤総督の政策が軌道に乗って着実に成果が上がっていた頃に重なります。朴氏は一九四五（昭和二十）年に旧制京畿中学校を卒業、その後ソウル大学法学部に学び、一九六四年に米ニューヨーク大学行政大学院を卒業しました。朝鮮戦争時には陸軍の通訳将校だったほか、延世大学講師、徳成女子大学と仁荷大学で副教授を務め、一九七五年にカナダに移住しました。

この朴氏は〈難しい理論よりは本能的に、慰安婦制には賛成いたしかねる〉という立場なのですが、従軍慰安婦問題についてこう語っています。

〈韓国人が慰安婦問題に関連して日本に対し抗議、叱責する内容を見れば、（一）日本人は残忍で悪意に満ちた民族であるという前提のもとに、（二）若い朝鮮女性らが路上で強制的に狩り込まれ、（三）何年間も精神的に、肉体的に甚だしく蹂躙《じゅうりん》されたということになっている。当時、日本人慰安婦の存在如何、あったとすれば朝鮮人は日本人に

比べて、どのような差別があったかということについては、全然問われていない。（中略）
僕は当時の事情を全然知らない今の韓国人達が李承晩、朴正煕時代から今に至るまで、小学校から反日教育を受けた影響もあって、日本に対してむやみやたらに罵る現象を憂慮する。（中略）
昭和五年の農産物価格下落と相次ぐ凶作のため、日本の農村の娘達が群れをなして都市の紅灯街に売られていった。貧しい家の娘も妻も、家族の命を支えるために身を売るのは韓国の『沈清伝』（親孝行な娘・沈清を主人公とする小説）にも見られる如く、親への孝行として賞讃の的でもあった。
韓国の娘達も、戦前から既に日本の大都市はもとより、軍の慰安婦とかかわりなく、北海道をはじめ日本の各地に、果ては樺太にまで売春婦として渡っている。終戦後にも日本に密航を企て、途中で捕まって大村収容所の厄介になった者は数千にのぼる。
また朝鮮戦争のときの米軍基地周辺の淫売の盛業ぶりを見ても、慰安婦の職業自体を問題にして日本をなじることはできない。（中略）
日本人慰安婦にしろ朝鮮人慰安婦にしろ、日本の軍部が彼女らを使い捨てにし、相応の名誉回復と報償をなさなかったのは、軍人に対する処遇と比べて衡平に失するが、日本人慰安婦に対してなさなかった応分の処遇を、朝鮮人慰安婦に施せと要求するのも無理である。〉

〈その当時、日本の娘、朝鮮の娘を問わず、慰安婦の稼ぎ高に心を惹かれた者は多かったようだ。（中略）

朝鮮人慰安婦が一日三十人の兵をこなせば三十円受け取って、業者と半々に分けると十五円の稼ぎになる。一月休まずに働けば四百五十円になる。一日十五人の兵をとったとしても、月に二百二十五円である。そのころの兵の給料は、一等兵八円五十銭、上等兵で十円二十銭、伍長で十五円だから、これと比べると慰安婦は兵の給料の二十倍にも三十倍にもなる。それで数年間勤めた慰安婦の中には、一万円近く貯め込んだ者も大分あったらしい。（後略）〉

〈彼女らは〝お国のため〟というおだてと、期待を上回る稼ぎに惹かれて、やがては帰郷して幸福な生活に帰る日を夢みながら、性業者としての平凡な、そして比較的安定した日々を送ったようである。〉

同時代を生きた朴氏の述懐からは「性奴隷」という言葉から連想される凄惨な光景は見えてきません。ちなみに日本政府を訴えた文玉珠さんは、戦前の日本円で約二万六千円という多額の貯金をしていました。平成四（一九九二）年五月十二日付毎日新聞に、彼女が戦前の郵便貯金の支払いを求めて来日した記事が載っています。貯金の原簿によれば、昭和十八（一九四三）年三月から二十年九月までの間に十二回の貯金の記録があり、残高は二万六千百四十五円でした。当時日本陸軍の大将級の年俸が六千六百円でしたから、文玉珠さんはそれをはるかに上回る高給を得ていたことになります。

これも「生活者」としての慰安婦の実態です。

朴氏の述懐は嘘でしょうか。日本に阿《おもね》っているのでしょうか。私にはそうは思えません。朴氏は二〇〇六年に死去しました。同書は生前の朴氏が主に一九九九年から二〇〇五年にかけて日本語で書きためた文章をまとめたものです。

同書にはこんな話も出てきます。

一九九一年、カナダにおける韓国人移住社会のL夫人の卒寿の賀宴があり、朴氏も出席しました。その夫人は息子さんによれば、〈ただの家庭の主婦〉で、〈年収一万石の地主のうちで十人の子供を育てながら、醸造業を経営するかたわら全州府会議員をつとめる夫を助けるだけでも精一杯〉の人生を送ってきたとのこと。

その夫人がお祝いの答礼に演壇に立ち、南道（全羅道）伝統の謡曲に通暁していることからそれを歌うのかと思ったところ、朴氏は驚かされます。

〈彼女の口から何の淀みもためらいもなくホトバシリ出た曲は、何と現代の韓国人達は聞いたことすらない日本の軍歌の一節だった［『日本陸軍』（出陣）］。

天に代りて不義を討つ　忠勇無双の我兵は　歓呼の声に送られて
今ぞ出で立つ父母の国　勝たずば生きて還らじと　誓う心の勇ましさ

その発音も申し分なかった。しかし会場はドッと笑いに揺れた。皆は南道の謡を期待していたのに、意外も意外、日本の軍歌が轟こうとは……。

ところがもっと驚いたことに、会場の笑い声が静まるや、彼女は続けて「道なき方に道を付け」［同（工兵）］と、その歌の続きを歌い始めたのだ。〉

朴氏はこの光景を、〈卒寿の寿宴で日本の軍歌を歌った老婦人の頭に残る日帝時代とは、いったいどんなものだったのだろうか。

僕は思う。今韓国では民族主義が真っ盛りで、反日・反米主義がまかり通っているが、ホンモノの日帝時代、特にその後半期には反日主義は見かけられなかったのだ。日帝時代に差別され虐《いじ》められていたのだったら、かくも愉快に（？）、堂々と、日本の軍歌が彼女の口をついて出てこなかったであろう〉と好もしげに振り返っています。（二〇〇四年記）とありますから死の二年前です。

朴氏の回想は、戦前日本の朝鮮統治の一端を描いたものにすぎないかもしれません。たしかに、これをもって全体を語ることはできません。しかし、今日の日韓両国民は、朴氏の語るような「生活者の実感」をあまりに排除した政治論議に陥ってはいないでしょうか。

このままでは自縄自縛に陥る

済州島の出身で一九八三（昭和五十八）年に来日し（のちに帰化）、評論家として活動する呉善花《オソンファ》氏（拓殖大学教授）の日韓併合時代の研究にも、当時朝鮮に住んでいた日本人に取材した証言が採録されています。その一つはこうです。

〈朝鮮の田舎に行って若い娘たちを奪ってきたと言われますよね。そんなことはあり得ないです。もしそんなことをしたら誘拐犯ですし、懲役刑を受けることになります。いや、法律の問題以前に、村の人たちにめちゃめちゃにやられてしまいますよ。強制的に連れていかれる娘を見ながら、そのままほっておくような卑怯な朝鮮人がいたとはけっして思えません。田舎であればあるほど、生活者間の連帯意識も民族意識も強くて、そんな彼らが我慢して黙って見ているわけがありません。彼らの民族愛がいかに強かったかは、私はいろいろな場面で見てきていますし、今でも鮮明に覚えています。そんな世界で女狩りなんかできるはずがないんです。

ですから、そんな問題があれば必ず耳に入っているはずです。でも、そんな話も噂も一度も聞いたことがありません。これはね、当時朝鮮に住んでいた日本人の名誉にかかわることです。もしあったとすれば、我々もまたそれを黙って見ていたことになるんですから。〉（『生活者の日本統治時代』三交社　平成十二〔二〇〇〇〕年刊）

これは朴氏の実感に日本人の側から共鳴する証言といえます。同時代を、同じ地域で暮らした者の「生活者」としての実感です。それが覆い隠されて、イデオロギーによって書き換えられた歴史観に依拠することは日韓両国民にとって不幸です。

しかし、そうした覆い隠そうとする壁を打ち破る存在、たとえば金完燮《キムワンソプ》氏のような存在は韓国では徹底して非難されます。

〈従軍慰安婦や南京虐殺、７３１部隊などは、日本を貶めるために創作された嘘っぱちの話で、これは各種出版物と研究書によって次第に明らかになってきている。そして、反日策動にもっとも熱心な韓国人や中国政府が、このような出版物の発行と輸入を必死で阻止しているのをみると、なにかを隠そうとしているらしいことはたしかである。（中略）

一九三〇年代以降の日本は、軍事独裁体制で非民主的な意思決定システムをもっていた。これは大韓民国の朴正熙、全斗煥、盧泰愚とつながる軍事政権と似ているが、その野蛮性からすれば大韓民国の軍事独裁時代よりはるかにましだったと考えられる。（中略）

日本によって被害を受けたという従軍慰安婦や徴用被害者の主張を聞いてみると、あたかもそうとうな先進国で人間的な生活を営んでいたのが、ある日突然日本によって人権を蹂躙されたかのような調子で話している。これは当時の現実を無視した不当な言い分だ。かれらが体験した苦痛と非人間的なあつかいはたしかに悲劇的だったが、当時はあらゆる人びとが似たりよったりの悲劇的な生活に甘んじていたのであり、そのうえ、人の命が虫けらのように軽くあつかわれる時代であった。そのような時代に戦地までひっぱっていかれて生き残れたのであれば、それだけでも幸いだ。

すなわち被害というものは相対的な概念で、数百万人の若い軍人が戦死し、本土で数十万人が米軍の爆撃を受けて虐殺された戦争で、数カ月ほど徴兵されたり望まない慰安婦生活を経験したりしたといって、朝鮮人だからとそれを人権侵害だと強弁するのはじつに図々しいことである。〉（『親日派のための弁明』）

慰安婦や徴用問題に関しての金氏の主張ですが、日本に阿り、韓国を冒瀆《ぼうとく》する「妄言」だという声が聞こえてきそうです。しかし事実に関心を持ち、事実を尊重する限り、金氏のような主張を日韓ともに無視してはいけないのです。金氏は「事実」はどこにあるかを探し出そうと努め、表現こそ穏当さを欠くかも知れませんが、〈従軍慰安婦や南京虐殺、731部隊などは、日本を貶めるために創作された嘘っぱちの話〉で、〈反日策動にもっとも熱心な韓国人や中国政府が、このような出版物の発行と輸入を必死で阻止しているのをみると、なにかを隠そうとしているらしいことはたしかである〉という見方に至った知的作業が大切なのです。

金氏は、私がソウルで会ったあと来日し、雑誌『正論』で企画した呉善花氏との対談で〈私の主張は韓国という国の存立基盤そのものを脅かしているのかも知れないという自覚はあるんです。たとえば韓国の憲法には「三・一独立」精神と臨時政府の精神を受け継ぐというような前文があります。私の本はそれを完全に否定しているようなものだし、伊藤博文を暗殺した安重根についても英雄でも何でもなくてただの殺人者と論じている。これは現状の韓国社会からすれば、言論の自由とか学問の自由の範囲を超えたものかも知れない〉と語りました。

金氏の諦観ですが、韓国が「反日」という戦後の「国是」によって金氏の言論を封じ続けるならば、それは「反日」に合致する見解以外は認めないということです。あらかじめ答えが決まっている世界に自由な学問や自由な言論は成り立ちません。そこから韓国が脱け出す気がないのなら、結果的に韓国自身が不幸になるだけです。

つまり、日本が歴史的事実の主張を怠ることは、日本の名誉と国益を損なうだけでなく、韓国にとってもプラスにならないのです。日本人は韓国人の被害者感情に寄り添うという心地よい物言いに、一方的に流されてはいけないのです。

「事実」を重視することは、自然科学であれ社会科学であれ、学問の基礎です。そして「事実」は、時に人を愉快ならざる思いにさせます。それまで自分が信じてきたもの、自己存在や自己の正当性が揺るがされるのはたしかに不安です。しかしその不安や苦さを受け止めない限り学問は新たな知見を広げることができず、人もより良き方向には行けません。

韓国人が自らの立場を被害者に固定し、日本を加害者と固定する立場から一歩も動かないとしたら、そしてそのためには事実はどうでもよく、目的は自らの被害者感情が救われ、日本に対する優越感が満たされることだと考えているとしたら、日韓の間に「和解」は永遠に訪れません。このとき、事実を棚上げした日本の先行譲歩は本質的な事態の好転には何の役にも立ちません。根治が必要な病気に対して症状を一時抑えるだけの処方をするようなものです。

「強制連行」を歴史的データから見てみる

ここでもう一度従軍慰安婦問題に戻って考えてみます。

韓国の反日団体が世界で流布しているように、本当に戦前の朝鮮半島で二十万人もの若い女性を強制連行して慰安婦にすることは可能だったのか。

当時の朝鮮半島には日本の県にあたる道が十三ありました。各道の首長である知事は内地と同じ勅任官でした。知事の下に内務部、鉱工部、農商部、財務部、警察部の五つの部（昭和十八〔一九四三〕年十月当時）がありました。道の下には日本の市にあたる府と郡があり、府は府尹《ふいん》、郡は郡守が首長でした。郡の下に邑《ゆう》と面があり、邑は日本の町、面は日本の村に相当しました。それぞれ邑長、面長がいて、昭和十七（一九四二）年頃には府が二十、郡が約二百三十、邑と面は合わせて二千を超えていました。

警察部長は各道に一人ずついて全体で十三人、このうち一人は朝鮮人でした。警察署は約二百五十カ所で署長のほとんどが日本人でしたが朝鮮人もいて、副署長はおおむね朝鮮人が任じられていました。警察署長のほとんどは警部で判任官でしたが、郡守は判任官より上位の高等官で、しかも郡守のほとんどが朝鮮人でした。また終戦時には十三人の道長のうち五人が朝鮮人でした（『別冊正論』第二号《日韓・日朝歴史の真実》「元朝鮮総督府幹部が語る」ほか）。

朝日新聞の朝鮮版を見ると、昭和八（一九三三）年五月十一日付の紙面に、《歴史的光景裡に　無事！道議選挙終わる》という見出しのもと、道議会議員選挙の当選者一覧が載っていて、当選者の八一％が朝鮮人であることがわかります。朝鮮総督府の高級幹部が日本人であっても、郡守のほとんどが朝鮮人で、地方行政を決める議会議員の圧倒的多数が朝鮮人だったという事実は何を示しているでしょうか。

人々の暮らしに身近に接した地方の警察官（巡査）や面の職員の多くが朝鮮人ですから、かりに慰安婦の強制的な募集に加担した「官憲」が多数いたとすれば、それは朝鮮人自身ということになります。朝鮮半島の人口に占める日本人の割合は、大正期までは一％足らずで、昭和六（一九三一）年でも二・五％です。朝鮮半島の日本人は圧倒的多数の朝鮮人に囲まれて暮らしていたわけで、しかも先述のように行政や警察機構の多くの現場を朝鮮人自身が担っていたのです。このような状況のなかで日本の官憲による「慰安婦狩り」が本当にできたでしょうか。

韓国人にも日本人にも気づいてほしいのですが、韓国が慰安婦強制連行を言い募れば募るほど、その実行者は同じ朝鮮人であったこと、あるいは日本人だったとしたら圧倒的多数者だったにもかかわらず、日本人の暴虐に抗わなかった自分たちの父祖がいかに臆病で卑怯であったかを言い募るのと同じことになります。

しかし実際には奴隷狩りのような事実はなかった。ただ内地においても、朝鮮半島においても、貧しい農村などでは口減らしや借金のために娘を遊郭に売らざるを得ない時代があったということです。それを今日の人権観から許されないといくら叫んでも、当時売春は合法であり、法律に則って営業するかぎり犯罪ではなかった。そのなかで狡猾な「女衒《ぜげん》」に騙されて悲惨な目に遭った女性はいたでしょう。しかしそれは朝鮮女性だけでなく日本女性にもいたに違いないのです。

私は、悲惨で過酷な境遇に身を置かざるを得なかった女性たちへの同情を惜しむものではありません。しかし、日本国家の行為として朝鮮の女性を従軍慰安婦にし、強制的に戦地に連行したという事実はない。「性奴隷」にしたなどという話に捏造されたのではたまらない。韓国人が先祖を大切に思うように、私もわが父祖の名誉を守りたいのです。

当時の日本の朝鮮半島統治の仕組みや実情を考えれば、韓国人は根拠のない日本非難によって、自らの民族としての名誉を同時に損なっていることに気づくべきです。中国と同じように、事実を無視して歴史を〝政治の道具〟として使い続けることは、韓国人の精神にとってもよろしくない。

第三章

河野談話の禍根

――クマラスワミ報告、マクドガル報告、米下院決議

従軍慰安婦問題で会見する河野洋平官房長官（当時）（時事）

韓国だけを非難できない

韓国は〝歴史を「政治の道具」にしている〟という批判は、残念ながら日本側にも跳ね返ってきます。前章で検証しましたが、慰安婦募集の強制性を認めた「河野談話」は、元慰安婦の聞き取り調査がまとめられる前にその原案がつくられていました。このことは調査そのものが事実究明のためではなく、「謝罪」のための〝アリバイ〟工作だったことの証左です。しかも政府は、談話の発表直前に、日韓両政府のすり合わせについてはメディアには一切出さず秘匿《ひとく》すべきと韓国側に提案し、了承を得ていたのです。事実を棚上げし、政治決着を急いだ日本側の責任は看過できません。悪いのは韓国だけではないのです。

しかも、この虚構の談話の作成過程は政府内で引き継がれませんでした。結果として歴代政権は河野談話を是として、政府の公式見解は「慰安婦の強制連行はあった」ことで定着しました。ならば「なぜ日本は韓国に謝罪と補償をしないのか」と言われ、従軍慰安婦問題を何度も蒸し返される原因はここにあります。

河野洋平氏は、政府の検証チームの報告書が出されたあと、山口市内で開かれた講演で自らをこう擁護しました。

〈人権意識に基づいて日本政府は正しい歴史認識の立場を取らねばならない。現政権は村山談話も河野談話も継承すると認めている。不規則発言は改めるべきです。

誤った事実は誤っていたと謝罪する。それが国際社会から理解を得る一番の方法です。「他国も昔は同様のことをやっていた」と開き直るのは卑怯なことです。（中略）

戦時中の軍施設内に慰安所があったのは確かなこと。（中略）慰安所に入ったら「私はここで働きたくないので帰る」と言っても軍の指揮下なので帰ることはできませんよね。命令によって拒否はできない。ならば強制的なものとみるべきでしょう

私が日本を貶めるわけがないじゃないですか。当時官房長官ですよ。誠心誠意、日韓関係を将来にわたって良好なものにしたい。そうした気持ちだからこそ資料を集め、努力した。（中略）

河野談話以降、日韓関係は良好だった。それがこの二、三年でなぜ互いに相手国を悪く言うようになったのか。〉（平成二十六〔二〇一四〕年六月二十一日／MSN産経ニュー

ス）

河野氏はこの講演で、〈検証報告書を読みました。足すべきことはない。引くべきこともない。すべて正しい〉とも語っています。すべて正しいのなら、歴史的事実を無視したのは河野氏自身だと認めねばおかしいのです。慰安婦たちは民間業者との契約によって働いていました。軍は施設管理や衛生面で関与しましたが、彼女たちは「年季」が明ければ帰郷もできたし、貯金もできた。休日もあって映画を見たり買い物をしたりすることもできた。今日の人権観をもって当時の法概念や常識を否定し、日本国家は著しく非道なことを行ったという一方的な追及は、反省ではなく父祖の名誉をいたずらに損なうものでしかありません。

河野氏が罪深いのは、韓国との合意内容を超え、それまで日本政府が守ってきた「強制連行の証拠はない」という立場を思慮なく覆したことです。前章で述べたように、談話には「強制連行」という文言はありません。河野氏が談話発表後の会見で記者から「調査結果は、強制連行の事実があったという認識でいいのか」と質問され、「そういう事実があったと。結構です」と答えたことが「強制連行」という言葉を独り歩きさせたのです。

河野氏の独善性は、「不規則発言は改めるべき」という発言からも感じられます。自らの談話に対する批判は許さない、それをするのは人権を軽んずる態度だと決めつけんばかりです。事実に基づかない安易な謝罪がその後どれほど日本の名誉を損ない、対韓国だけなく国際社会において日本を苦境に陥れたか。それを省《かえり》みることなく、「誠心誠意、努力した。河野談話以降、日韓関係は良好だった」とは、今日の事態に至る原因をつくった責任感のかけらもないのかと言いたい。

結果的に元慰安婦を傷つけている

村山富市政権時代の平成七（一九九五）年七月、日本側は元慰安婦とされる女性たちに「償い金」（一時金）二百万円と首相のお詫びの手紙を届けることを目的に「女性のためのアジア平和国民基金」（アジア女性基金）を設立しました。日韓両政府は昭和四十（一九六五）年の国交正常化にともなう請求権協定で、個人の請求権は相互に消滅したとの立場を共有していたのですが、河野談話が事実上「強制連行」を認めたことを受け、苦肉の策として民間による財団法人設立となりました。対象は韓国だけでなく台湾やフィリピン、インドネシアなども含まれました。

しかしこの「償い事業」は韓国内で反発に遭います。「韓国挺身隊問題対策協議会（挺対協）」が中心となって、基金は日本政府の賠償責任を回避するためのまやかしという非難が浴びせられたのです。

挺対協は元慰安婦らを一堂に集め、「償い金を受け取ったら、被害者ではなく自分の意思で公娼になったと見なす」と恫喝《どうかつ》し、受け取りを拒否するよう迫り、韓国メディアも同調して基金を非難しました。

こうした状況に配慮した日本側は一時金を受け取った元慰安婦の氏名を公表しませんでしたが、韓国側が実名を公表したため、彼女たちはひどい嫌がらせに遭いました。「日本から汚い金を受け取った汚れた女だ」といった電話がかかってきたり、直接家に押しかけて〝抗議〟したりする反日運動家やメディア関係者がいたのです。

韓国での「償い事業」は二〇〇二（平成十四）年九月に終了しましたが、当時韓国政府が認定した元慰安婦二百七人に対し、最終的に一時金を受けとった人の割合は三割足らずでした。これは日本側の問題ではなく、挺対協など反日団体の活動にすり寄った韓国政府と韓国メディアによる基金反対キャンペーンの結果です。

アジア女性基金に対抗して翌一九九六年、韓国で設立された「市民連帯」が元慰安婦を支援するために集めた募金も、最初に一時金を受け取った元慰安婦には配分されませんでした。

元慰安婦を傷つけてきたのは、「日本は被害者に謝罪し、賠償せよ」と叫びながら、実質は反日活動のために彼女たちを利用した挺対協などの団体と、それに迎合し続けた韓国政府、メディアだと言わざるを得ません。

元慰安婦の聞き取り調査に参加した安秉直《アンビョンジク》氏は、二〇〇六年十二月、韓国MBCテレビで、〈「私もはじめは（日本軍による）強制動員があったと考えて挺対協と合同で調査をしたが、三年でやめた。挺対協の目的が慰安婦問題でなく、日本と争うことにあると悟ったからだ」〉と語っています（平成二十四〔二〇一二〕年九月二十一日付産経新聞）。

アジア女性基金は、役割を終えたとして平成十九（二〇〇七）年に解散しましたが、その後も外務省によるフォロー・アップ事業が続けられています。年間一千五百万円超の予算を使い、韓国や台湾、フィリピンなどに住む元慰安婦たちに一人当たり約二万円の医薬品や生活必需品を日本からスタッフが出向いて直接届けています。

外務省はこの事業について、「元慰安婦に直接会い、寄り添うことが目的で、近況や心身の状態を聞いたり、元慰安婦の個別の悩みや要望を聞いたりしている。亡くなった元慰安婦の墓参りもしている」と説明しています。日本は元慰安婦たちに謝罪も補償もしていないというのは、まったくの濡れ衣であることを日本人は知っておかねばなりません。

「慰安婦＝性奴隷」を拡散したクマラスワミ報告書

繰り返しますが、日本人として私たちが譲れないのは、「戦前の日本国家が朝鮮半島はじめアジア各地で強制的に若い女性を狩り集め、『性奴隷』にした事実はない」ということです。

しかし現実にこの認識は国際社会に行きわたってはいません。日本と韓国の二国間の問題だったことが急速に国際社会に拡散していったのは、河野談話以後です。アジア女性基金も日本に対する誤解を解くことにはつながりませんでした。

一九九六年二月、国連人権委員会（現人権理事会）の「女性に対する暴力」特別報告官に任命されたスリランカ出身の女性法律家ラディカ・クマラスワミ氏がまとめた報告書は、慰安婦は〈性奴隷〉であるとし、日本の行為を〈人道に対する罪であり、奴隷制度を禁じた国際慣習法に違反する〉と断定しました。そのうえで、「アジア女性基金」の事業などは評価しながらも、被害女性への補償、被害女性への公開書面による謝罪、歴史教育による問題理解、慰安婦募集と慰安所設置に関与した者の追及と処罰などを日本政府に勧告したのです。

報告書作成にあたっては、元慰安婦十六人と秦郁彦、吉見義明両氏を含む七十八人から面接調査を行ったとしていますが、そもそも日本政府に批判的な立場のオーストラリア人ジャーナリスト、ジョージ・ヒックス氏の『従軍慰安婦（THE COMFORT WOMEN）』（三一書房　浜田徹訳　平成七〔一九九五〕年刊）や、千田夏光氏の『従軍慰安婦』、「慰安婦狩り」に関わったとする吉田清治氏の証言に多く依拠する内容でした。そうであれば当然のこと女子挺身隊と慰安婦を混同しています。そのほか、〈慰安婦の総数は二十万人〉〈多数の慰安婦が兵士と一緒に自殺攻撃などの戦闘に参加させられた〉などと事実に反する記述が随所に見られます。

このときクマラスワミ報告書は人権委員会で「留意」という扱いになりましたが、国連で事実上〝認定〟された報告書は、「慰安婦は性奴隷」という誤解をさらに拡散していくことになります。

「摩擦回避策」が状況を悪化させた

クマラスワミ報告に対し、当初日本政府は報告書の誤りを具体的に指摘したうえで、「無責任で予断に満ち」「歴史の歪曲に等しい」という反論文書を作成、国連人権委員会に提出したのですが、その後、報告書の否定を求める記述を削除し、「日本は河野談話などで繰り返し謝罪し、慰安婦への支援を行うアジア女性基金を設立した」と説明する、反論とは言えぬ曖昧な文書に差し替えてしまいました。

当時は自民、社民、さきがけの三党による連立政権で、慰安婦の強制連行は歴史的事実とする社会党が与党でした。当時の橋本龍太郎首相は問題を認識していましたが、反論に関して水面下で根回し外交をしたことが中国や韓国、北朝鮮の反発を呼び、さらに国連で活発な日本批判のロビー活動を展開していた日本の弁護士や市民団体などが政府の反論を「クマラスワミに対する個人攻撃だ」と非難したのを受け、それ以上の摩擦を恐れて反論を撤回してしまったのです。

摩擦回避を優先したことはさらに状況を悪化させました。

一九九八年四月、クマラスワミ氏が特別報告官としてまとめた「女性に対する暴力」の年次報告書では〈四百人の若い朝鮮人女性が五千人の日本兵に性奴隷として奉仕させられた〉という元慰安婦の証言話が何の検証もなしに盛り込まれ、採択されました。しかしながら、これに対しても日本政府はとくに反論しませんでした。

そしてこの四カ月後、国連人権委員会の差別防止・少数者保護小委員会で、〈日本国政府及び日本帝国軍隊は二十万人を超える女性をアジア全体に存在した「強姦所」において強制的に「性的奴隷」とした〉とする米国の女性法学者ゲイ・マクドガル氏による報告書が提出され、採択されました。この報告書は本文と附属文書とからなり、本文の主な対象は旧ユーゴスラビアでの戦争とルワンダ虐殺で、附属文書に日本の従軍慰安婦問題が取り上げられています。

日本にとって問題なのは、ここでも河野談話（内閣外政審議室の報告など）をもとに〈女性たちは、旧日本軍により直接または旧日本軍の全面的認識及び支援の下で強姦所において奴隷化されていたことを明確に示している〉とされたことです。しかも、〈人道に対する罪及び戦争犯罪は公訴時効の対象ではない〉、〈日本の裁判所が適切な救済を与えない場合は、他国の裁判所で訴えることも可能である〉などと、クマラスワミ報告を下敷きにしながら、そのクマラスワミ報告よりも日本国家の賠償義務を強調した内容なのです。

日本政府がクマラスワミ報告やマクドガル報告を、実質的に放置した結果がさらにどのような事態につながっていったか。

二〇〇七年七月、米下院本会議はクマラスワミ報告を下敷きに、従軍慰安婦問題で対日非難決議を採択しました。採択に至る過程で議員が審議の参考資料とした米議会調査局報告書には当初、「日本軍の慰安婦とするため韓国で女性千人を狩り集めた」という吉田証言が明記されていました。採択前の同年四月の報告書では吉田証言は削除されましたが、非難決議の採択自体は止められませんでした。

クマラスワミ報告もマクドガル報告も米下院による対日非難決議も、実質的に河野談話が根拠の一つにされたわけです。対日非難決議案の共同提案者であるマイク・ホンダ議員は、河野談話が根拠である旨を言及していました。

クマラスワミ報告に対する反論文書はなぜ撤回されたのか、その理由はおろか、反論文書の存在すら日本国民ははっきり政府から知らされていません。

日本政府は「謝罪と補償」を繰り返し表明するだけで、「それは事実ではない」という主張を怠ってきたのです。虚偽に対し毅然と反論しなければ、世界に広がった誤解は決して解けません。

外務省のホームページに《歴史問題Q＆A》という項目があり、日本政府の基本的立場を日本語と英語で発信しています。そこに〈慰安婦問題に対して、日本政府はどのように考えていますか。〉という［問］があり、〈慰安婦問題に対する日本政府のこれまでの施策〉という［答］が載っています。

そこにはまず、〈この問題は当時の軍の関与の下に、多数の女性の名誉と尊厳を深く傷つけた問題であるとして、心からのお詫びと反省の気持ちを表明し、以後、日本政府は機会あるごとに元慰安婦の方々に対し、心からお詫びと反省の気持ちを表明してきた〉とあり、そのあと、お詫びと反省の気持ちをいかに表すか〈国民的な議論を尽くした結果〉、〈「女性のためのアジア平和国民基金」を設立し、約四十八億円を支出して「償いの事業」を推進してきた〉等々の説明が続くのですが、この問題における事実関係の誤認を解くような説明ないし反論はないのです。これは平成二十七（二〇一五）年十二月二十八日の日韓合意以後も変わっていません（平成二十八〔二〇一六〕年一月二十日時点）。

たしかに第二次安倍政権になってから外務省の姿勢は変化してきました。以前よりも積極的に駐米大使や総領事などが米国メディアに発信していますが、その内容は事実関係の誤りを正そうとするには程遠く、日本はこれまで何度も謝罪し、補償をしてきたという説明を繰り返すものです。相手の意向に寄り添って謝罪を重ねる外交姿勢からの脱却が求められます。根本的な問題解決のためには、覚悟を持って事実を発信していくことが第一なのです。

第四章

〝謝罪〟という無間地獄
——歴代韓国大統領「反日」の系譜

「菅談話」を発表する菅直人首相（当時）（EPA=時事）

かつては韓国も理解していた

日本政府の姿勢とコインの裏表になっているのが韓国政府です。日本の統治を実際に経験している世代が政治を主導していた時代は、反日主義を露骨に出すことはありませんでした。李承晩《イスンマン》氏をのぞけば、一九九三年二月に大統領に就任した金泳三《キムヨンサム》氏に始まる文民政権になってから反日姿勢はあからさまになってきたのです。国内における反日教育の実態はともかく、対日外交においては朴正熙《パクチョンヒ》氏、全斗煥《チョンドゥファン》氏、盧泰愚《ノテウ》氏の軍人出身の大統領の時代のほうが日本に対し自制的でした。

全斗煥氏は、一九八一年八月十五日の光復節記念式典の演説で次のように述べました。

「われわれは国を失った民族の恥辱をめぐり、日本の帝国主義を責めるべきではなく、当時の情勢、国内的な団結、国力の弱さなど、自らの責任を厳しく自責する姿勢が必要である」

翌年、日本のメディアが揃って、文部省（現文部科学省）が教科書検定で、「日本軍が『華北に侵略』を『華北へ進出』と改めさせた」と報道、中国や韓国に〝ご注進〟したことから、歴史教科書問題が外交問題に発展しました。実際にはそのような事実はなく、誤報だったのですが、反日世論に応じるかたちで全氏も日本を批判しました。

しかし、日本に六十億ドルの経済援助を求めていたこともあって、その批判は多分に外交カードでした。全斗煥氏は反日姿勢を強めることはなく、同年の光復節記念式典では、「異民族支配の苦痛と侮辱を再び経験しないための確実な保障は、われわれを支配した国よりも暮らしやすい国、より富強な国をつくり上げる道しかあり得ない」と、日本批判ではなく韓国自身が強くなるべきだと訴えたのです。

全斗煥氏の次に大統領に就いた盧泰愚氏は、来日した平成二（一九九〇）年五月二十五日、韓国大統領として初めて日本の国会で演説し、次のように述べました。

「われわれは、過去において国家を守ることができなかった自らを反省するのみであり、過去を振り返って誰かをとがめたり恨んだりはしません」

盧氏は、朝日新聞の慰安婦報道によって沸騰した韓国の反日世論を抑えきれず、訪韓した宮澤首相に謝罪を繰り返させる格好になりました。しかし、後年、『文藝春秋』で浅利慶太氏のインタビューに答えたように、自ら強固な反日の意志をもって謝罪を要求したというより、多分に自国内に向けたポーズでした。全氏、盧氏ともに、日本のメディアの〝ご注進〟報道によって韓国内で反日を焚《た》きつけられた結果の反応といえます。

軍事政権否定に利用

これが大きく変化したのは、盧泰愚氏のあと韓国民主化後初の文民出身大統領となった金泳三氏からです。平成六（一九九四）年三月に来日した金大統領は盧大統領以来二回目となる国会演説をしました。

「日清戦争で勝利した日本は、ついに韓半島を併合した。一九四五年、韓国は解放されたが、南北に分断され、同族相争う戦争を体験した。（中略）私と、わが国民は、一世紀にわたった諍《いさか》いと葛藤の歴史に終止符を打ち、真の友情と協力の新しい歴史を開いていくことを提起する。（中略）韓日両国国民は心の扉をすっかり開かなければならない。過去のしこりはきれいに洗い流さなければならない」（平成六〔一九九四〕年三月二十五日）

「葛藤の歴史に終止符」と述べた金氏ですが、東京裁判史観から脱しようとする日本側の言動には厳しい断罪を続けました。

平成七（一九九五）年十月五日、当時の村山富市首相が参議院本会議で日韓併合について、「当時の国際関係等の歴史のなかで法的に有効に締結され、実施された」と述べたことに猛反発、村山首相は十三日の衆議院予算委員会で、「日韓併合条約は形式的には合意として成立しているが、当時の状況についてはわが国として深く反省すべきものがあり、条約締結にあたって、双方の立場が平等であったとは考えていない」と大急ぎで鎮静化を図り、謝罪のための親書まで送りました。

同年十一月十一日、江藤隆美総務庁長官（当時）がオフレコを条件にした記者懇談会で、「日韓併合は強制的なもので、間違っている」としながらも、「日韓併合が無効だと言い始めれば、国際協定は成立しない。当時は国が弱くて併合された以上、仕方のないこと」と述べ、さらに、「植民地時代、日本は善いこともした。すべての市町村に学校を建てるなど教育水準を向上させたことや、五千キロの鉄道を建設した」などと語ったことが、オフレコを破った複数の記者によって韓国に〝ご注進〟され、韓国紙がその内容を報道したことで日韓関係をさらに揺るがすことになりました。

同月十四日、アジア太平洋経済協力会議（ＡＰＥＣ）大阪会議を前に中国の江沢民国家主席とソウルで会談した金泳三大統領は、「日本軍国主義が侵略戦争を発動した事実を否定する人が日本のなかにいる。それを正さなければならない」と対日批判を展開しました。江主席も、「核心的な問題は、過去の戦争が侵略戦争かどうかを認定するかどうかだ。われわれは日本の少数の軍国主義勢力を警戒し、日本に歴史を正確に認識させなければならない」と応じました。さらに金大統領は「私は大統領就任後、中国や韓国に残酷なことをしたことに対し日本は反省しなければならないと話してきた。歴史を直視し、未来に向かっていかなければならないとも話したが、暴言が続いている。暴言は（国交正常化）以来三十回を超える。今度は（日本の）悪い態度を直す。日本は歴史認識を正さなければならない」とし、江藤長官が解任されなければ首脳会談も外相会談も行わないと息巻きました。

このときの江沢民・金泳三の対日非難の共闘は、今日の習近平・朴槿恵の関係を思わせますが、江藤長官は同月十三日に辞任し、ＡＰＥＣ大阪会議は予定通り開催されました。

当初、日本統治時代に少年期を過ごした金大統領に強い反日感情はないと日本側は見ていました。しかし、金大統領は国交正常化三十周年にあたっての日本人記者団との会見で、国交正常化は軍事政権による政権維持のためだったと否定的な見解を述べ、正常化後の日韓協力関係についても「日本も儲けたではないか」と、前向きな評価はしませんでした。

初の「文民政権」を看板にした金大統領は、それまでの軍事政権を否定する「歴史清算」のなかで日本非難を重ね続けたのです。実際、国立中央博物館として使用していた旧朝鮮総督府庁舎を解体、撤去するなど日本統治の痕跡を消し去る事業を進め、竹島（島根県隠岐の島町）に船舶の接岸施設を建設し、韓国軍を常駐させて実効支配を強めました。

無限に続く〝外交問題〟

韓国の日本に対する強硬姿勢は、村山富市政権から橋本龍太郎政権になっても変わりませんでした。平成九（一九九七）年一月二十四日、梶山静六官房長官（当時）が、従軍慰安婦問題に関連して「今の人はその当時の社会状況というものを教えられていない。昔は公娼制度というものがあった。それが、戦地にもそういうものができて、いくらか加給金がはずまれた」と発言したのを「妄言」とされ、翌日の日韓首脳会談で橋本首相は金大統領に「心から深くお詫びする」と謝罪しました。金大統領は「過去は消すことも、隠すこともできない」と返しましたが、梶山氏は戦前の時代相について、先述した韓国人・朴贊雄《バクチャンウン》氏の述懐と同じような歴史の事実と問題の本質を語ったものです。日韓首脳会談前日の官房長官発言としては軽率のそしりは免れないとしても、金大統領が抗議し、橋本首相が全面的に陳謝するという構図は、従来の日韓首脳会談のパターンの繰り返しとなりました。竹島問題についても「両国の民族感情を刺激するのは得策でない」という日本政府の判断で突っ込んだ意見交換は行われず、結果的に韓国の実効支配の強化を看過するかたちになったのです。

金泳三氏のあと大統領に就いたのは金大中《キムデジュン》氏でした。金氏も日本統治時代に生まれ、二十年近く過ごしています。自叙伝にも〈重苦しい日々のなか〉だったとしながらも〈東アジアで日本だけが近代化に成功したという事実が私たちにある希望を与えてくれたことも事実でした。

小学校・商業学校を通じて日本人の先生から大きな影響を受けたことも数知れないほどありました。私の人間形成に影響したのも日本人の先生方の言動でした。暗い記憶ばかりの毎日でなかったことは、申し上げておきたいと思います。〉（『わたしの自叙伝〜日本へのメッセージ』日本放送出版協会　平成七〔一九九五〕年刊）と、朴贊雄氏と同じような「生活者」としての日本統治時代の実感を記しています。

ちなみに、昭和四十八（一九七三）年、滞在中の東京で金氏が韓国中央情報部（ＫＣＩＡ）に拉致され韓国に連れ戻された「金大中事件」は、当時の朴正熙大統領と金氏との対立を背景に、戦後の韓国民主化運動の過酷さを印象付けるものでした。日本政府は当初、主権侵害に対する韓国政府の謝罪と日本の捜査当局による調査を要求しましたが、最終的に金鍾泌《キムジョンピル》首相と田中角栄首相（当時）との間で事実上不問とする政治決着がはかられました。

金氏はその後、韓国民主化運動の象徴的存在として政界復帰し、一九九八年二月、韓国大統領に就任しました。〈韓国と日本の関係において、私は門を開く役割を担いたいと願っている〉（『金大中獄中書簡』〈和田春樹ほか訳　岩波書店　昭和五十八（一九八三）年刊〉）との思いから、当初から日韓関係の改善に意欲的で、「韓国政府は、過去の問題を持ち出さないようにしたい」と述べ、韓国政府として「日王」ではなく「天皇」呼称を採用し、日本文化の開放を進めるなどしました。

同年十月に来日し、小渕恵三首相（当時）と「日韓共同宣言」を発表しました。それには両氏の署名とともにこう記されました。

〈小渕総理大臣は、今世紀の日韓両国関係を回顧し、我が国が過去の一時期韓国国民に対し植民地支配により多大の損害と苦痛を与えたという歴史的事実を謙虚に受けとめ、これに対し、痛切な反省と心からのお詫びを述べた。〉

〈金大中大統領は、かかる小渕総理大臣の歴史認識の表明を真摯に受けとめ、これを評価すると同時に、両国が過去の不幸な歴史を乗り越えて和解と善隣友好協力に基づいた未来志向的な関係を発展させるためにお互いに努力することが時代の要請である旨表明した。〉

〈植民地支配により多大の損害と苦痛を与えたという歴史的事実〉、〈痛切な反省と心からのお詫び〉という文言の入った共同宣言を受け、金大中大統領は「これで日韓の過去は清算された。韓国が今後、外交問題として過去を問うことはない」と明言し、「謝罪は一度でいい」とも語りました。

しかし、金大中氏自身「知日」であることを誇り、日本もそれに期待して譲歩を重ねながら、のちに歴史教科書問題が起きると教科書記述の訂正を外交問題として日本に要求するなど前言を翻し、国連人権委員会の会合でも従軍慰安婦問題を取り上げ、日本非難が止むことはありませんでした。ここでも「過去は清算」されないまま、無限ループのごとく同じ失敗が繰り返されたわけです。

代を重ねるごとに激化する

そして金大中氏の次に登場してきたのが盧武鉉《ノムヒョン》氏です。盧氏は、日本統治が終わった後の一九四六年生まれで、「解放世代」初の大統領でした。歴代大統領と同じように就任当初は「未来志向」を表明し、二〇〇三年二月の就任式では、訪韓した小泉純一郎首相（当時）に青瓦台玄関に設置した真新しい来館者名簿の筆頭に署名を求めるなど気配りを見せ、会談でも小泉首相の同年一月の靖国神社参拝への言及を避け、スポーツ振興や自由貿易協定（ＦＴＡ）などの前向きな話題に終始したほどです。

しかし、同年六月の訪日時での衆議院本会議での演説では、両国の未来志向を強調する一方、歴史問題にも触れ、「過去はあるがままに直視しなければならない。不幸だった過去の歴史を思い起こす動きが日本から出るたびに、韓国を含むアジア諸国の国民が敏感な反応を見せてきた」と述べました。

そのうえで、日本での有事関連法成立などを念頭に「日本の防衛安保体制と平和憲法改正の論議を疑いと不安の目で見守っている」などと、演説原案にはなかった表現を口にし、日本が「一時期、帝国主義の道をとったことで韓国はじめアジア諸国に大きな苦痛を与えたこともあった」と述べました。歴史認識に固執する韓国国内の世論に急遽《きゅうきょ》配慮したとされ、大統領がいくら未来志向を掲げても、韓国では政権支持率の維持に「反日」要素が不可欠であることがまたも露呈したのです。

翌二〇〇四年の「三・一独立運動」八十五周年記念式典では「ぜひ日本に忠告したい」として、名指しこそ避けたものの小泉首相の靖国神社参拝や歴史認識問題などに関連し、「国家指導者レベルで韓国国民を傷つける行動はやってはいけない」と訴えました。

さらに日本統治時代の反民族的行為を追及し断罪する「親日・反民族行為糾明特別法」が成立し、大統領任命の委員会によって二〇〇七年までの三年間、資料収集や調査・研究が進められ、結果が公表されることになりました。この法律は「現在も親日の残滓《ざんし》を清算できず、歴史の真実を明らかにできていないのは恥ずべきことだ」とする盧大統領の提案で改正が重ねられ、故朴正熙元大統領や有力紙「朝鮮日報」の創業者も対象とされるなど、日本の統治時代と戦後の軍事政権時代を「民族受難の歴史」として否定しようとするものでした。

ここから盧氏の「反日」はさらに激化していきます。二〇〇五年の「三・一独立運動」記念式典では、村山談話の「痛切な反省と謝罪」を引いて対日賠償請求権を放棄した日韓基本条約（と日韓請求権協定）を覆すかのように、「日本は賠償すべきは賠償しなければならない」と発言、さらに日本人拉致問題にもわざわざ言及し、日本統治時代に「数千、数万倍の苦痛を受けたわが国民の怒りも理解すべきだ」と訴えました。

同年八月には、日韓国交正常化に至る外交文書を全面公開し、交渉で取り上げられなかった従軍慰安婦問題について「旧日本軍が関与した反人道的不法行為には日本政府の法的な責任がある」として、日本に対策を求めることや国連人権委員会など国際機関を通じ持続的に問題提起していく方針を決めました。さらに同年十一月に釜山で開かれた日韓首脳会談では、小泉首相の靖国神社参拝など歴史認識問題について「韓国への挑戦」とし、韓国民は決して受け入れることはできないと訴えるなど、二〇〇八年二月の任期終了まで日韓基本条約と日韓請求権協定によって解決済みの問題を蒸し返し続けました。未来志向を掲げて登場した盧武鉉氏の任期最後の「三・一独立運動」記念式典演説も、「日本は間違った歴史を美化したり正当化したりするのではなく、良心と国際社会で認められている先例に従い、誠意を尽くすべきだ」という注文でした。

二〇〇八年二月、盧武鉉氏のあと大統領に就任したのは、戦前日本に渡航した両親のもと大阪に生まれた李明博《イミョンバク》氏でした。李氏は大統領就任前に記者団に対し、「日本との過去の問題で謝罪と反省は求めない」と発言していました。二月二十五日、李氏の大統領就任式に合わせて訪韓した福田康夫首相（当時）との会談では、両首脳は「日韓新時代」という未来志向の関係構築を重視する姿勢を前面に出し、李氏自身も前任の盧武鉉氏とは異なる対日姿勢をアピールしてみせました。

翌三月の「三・一独立運動」の記念式典でも、李氏は日韓関係について「実用の姿勢」「未来志向的な関係」を強調したうえで、「歴史の真実に顔を背けてはいけない。しかし、いつまでも過去に束縛され、未来の関係まで諦めることはできない」と述べ、具体的な問題には一切触れませんでした。

さらに翌二〇〇九年の「三・一独立運動」の記念式典の演説でも、経済危機の克服と北朝鮮に対しミサイル発射の自制と南北対話再開を呼びかけただけで日本批判の発言はなく、さらに二〇一〇年の同式典でも、一九一〇（明治四十三）年の日韓併合から百年の節目の年であることに触れたうえで、「過去にとらわれず、人類共栄の新たな未来を開拓していかなければならない」と述べ、「日本の過ちを追及しなかった」三・一独立運動の精神を引き継いでいくと語りました。

ところが、二〇一一年の就任四年目の「三・一独立運動」記念日は様相が変わりました。李氏は演説で、火種の歴史認識や竹島問題については言及しなかったものの、前年八月に出された菅直人首相（当時）による「日韓併合百年の談話」に触れ、「日本は誠意ある行動に移らなければならない」との考えを示し、同談話で日本側が約束した「朝鮮王朝儀軌《ぎき》」などの韓国への引き渡しの早期実現を求めたのです。

菅談話は、盧武鉉時代に比べて下火になっていた韓国内の「反日」と「謝罪・補償」要求の〝呼び水〟になっていました。まえがきで述べたように、二〇一一年八月に韓国憲法裁判所が元慰安婦の賠償請求権に関し、韓国政府が具体的な救済措置を取ってこなかったのは違憲とする判断を示したことは明らかに菅談話の影響です。この違憲判断を受けて外交通商省は日本側に協議を申し入れました。韓国国会も、日本統治時代に韓国の労働者を徴用しながら戦後補償していない日本企業を公共事業入札から排除するよう公的機関に促すことを決めるなど、韓国の日本への眼差しは未来志向から過去清算に向けられたのです。

菅談話というオウンゴール

菅談話は平成二十二（二〇一〇）年八月十日に発表されました。要旨は次のとおりです。

「ちょうど百年前の八月、日韓併合条約が締結され、以後三十六年に及ぶ植民地支配が始まりました。三・一独立運動などの激しい抵抗にも示されたとおり、政治的・軍事的背景の下、当時の韓国の人々は、その意に反して行われた植民地支配によって、国と文化を奪われ、民族の誇りを深く傷付けられました。（中略）

この植民地支配がもたらした多大の損害と苦痛に対し、ここに改めて痛切な反省と心からのお詫びの気持ちを表明いたします。（中略）

これまで行ってきたいわゆる在サハリン韓国人支援、朝鮮半島出身者の遺骨返還支援といった人道的な協力を今後とも誠実に実施していきます。さらに、日本が統治していた期間に朝鮮総督府を経由してもたらされ、日本政府が保管している朝鮮王朝儀軌等の朝鮮半島由来の貴重な図書について、韓国の人々の期待に応えて近くこれらをお渡ししたいと思います。（後略）」

菅談話が日本国民に対して罪深いのは、〈当時の韓国の人々は、その意に反して行われた植民地支配によって、国と文化を奪われ、民族の誇りを深く傷付けられました〉というくだりです。

日韓併合条約の合法性についての日本の立場は、「条約は両者の完全な意思、平等な立場において締結された」（佐藤栄作首相答弁）という合法・有効論を一貫して守ってきました。日韓基本条約締結においても、「併合条約は締結当時から無効だった」との確認を求める韓国側の要求と賠償に合理性がないことを主張し、以後、歴代政権は基本的にこの見解を引き継いできました。

平成七（一九九五）年、村山首相が「日韓併合条約は合法的に結ばれた」と国会で答弁し、それが韓国、北朝鮮の反発を浴びると「締結にあたり相互の立場が平等であったとは考えていない」と修正しました。その際、外務省の林暘《あきら》条約局長（当時）は日韓併合条約の有効性について「交渉当事者、締結者個人の身体に対する威嚇、脅迫があった場合は無効だが、当時そういう状況があったとは承知していない」と明確に指摘し、佐藤内閣当時の「対等な立場で締結された」との政府答弁は変更せず、「植民地政策は誤りだった」との政治的、道義的責任に言及することで沈静化を図りました。

それに対し菅談話は、日本の朝鮮半島統治について〈政治的・軍事的背景の下、当時の韓国の人々は、その意に反して〉と自ら「違法性」を強調するような表現を使い、併合条約の「無効性」を認めるような内容になっています。また村山談話はお詫びの対象が「アジア諸国の人々」だったのが、菅談話では〝韓国だけ〟に向けられています。

韓国政府の意向をまるまる汲んだような内容は、まさに河野談話と同じく〝談合〟の結果だったのではないでしょうか。それに関し産経新聞が【検証　日韓併合100年】と題し二回に分け報じた記事を抜粋し、以下に紹介します。

〈7月21日、複数の民主党有力議員が韓国・ソウルを訪れた。彼らは旧知の青瓦台（大統領府）幹部らとの会談でこう尋ねた。

「どのような首相談話を希望されるのか」
韓国サイドは「日本のやりやすいものを行動でみせていただければ、高く評価できる」と応じ〉、〈7月16日、仙谷（引用者註：由人）氏によって日本政府が新談話の検討に入ったことが公言されると、韓国サイドは外交ルートのみならずさまざまな要望を提示した。〉

そもそも日韓併合百年の首相談話は当初、八月十五日に予定されていたものが、「出すのなら、早くならないか」と韓国側から打診されたのだという。

〈韓国で反日ナショナリズムがメディアを中心に高まる8月15日の光復節（日本統治からの解放記念日）には、李明博大統領の演説がある。併合100年の大統領演説には大きな注目が集まる。韓国側はこう持ちかけた。

「15日に（談話の）評価を込めて演説をしたい」

韓国側の要望は2つ。（1）「村山談話」（平成7年）の「痛切な反省」の主語として、併合が韓国人の「意に反して行われた」との言及が欲しい（2）文化財返還も、談話に入れてほしい――。菅談話は、（1）も（2）も受け入れた。特に「意図に反した併合」

のくだりは韓国の史観の引き写しかと見まがうばかりだ。〉（平成二十二〔二〇一〇〕年八月十一日、十二日付）

記事には《青瓦台に〝御用聞き〟》という見出しが付けられていましたが、当時の民主党にとっては日本の名誉や国益よりも韓国の意向のほうが重要だったのでしょう。

韓国による「謝罪・補償」要求の再燃は、韓国が先行して要求したというよりも、民主党政権が韓国に阿《おもね》りすり寄った結果だと言えます。韓国にしてみれば、日本のオウンゴール（自殺点）同然の菅談話は笑いが止まらなかったでしょう。早速、李明博大統領は八月十五日の「光復節」の式典で演説し、菅談話を「初めて韓国民に、韓国民の意に反した植民地支配を反省し、謝罪した」と持ち上げ、「日本の一歩前進した努力と評価する。歴史を忘れず、ともに新しい未来を開拓することこそが、韓日が歩まなければならない正しい道だ」と述べたのです。

菅首相は談話に〈私は、歴史に対して誠実に向き合いたいと思います。歴史の事実を直視する勇気とそれを受け止める謙虚さを持ち、自らの過ちを省みることに率直でありたいと思います〉との文言を盛り込みましたが、一方で補償・請求権の問題については

「日韓基本条約の考え方を確認し、法律的な形のものは決着済みという立場だ」と表明しました。これこそ安易で不実な謝罪と言うべきで、李大統領が「一歩前進した努力」と評価したのは、民主党政権による現実の補償を期待してのものだったはずです。翌年（二〇一一年）の「三・一独立運動」の式典で、「誠意ある行動」と「朝鮮王朝儀軌の返還」を求めたのは、それがなされないことへの苛立ちだったのでしょう。

当時の民主党政権は、鳩山由紀夫首相が米軍普天間飛行場の移設を「最低でも県外」と語ったことで沖縄県民に期待を抱かせ、実際には何の目算もないままかえって問題をこじれさせました。まさにこれと同じようなことを韓国に対して為《な》したと言えます。

菅談話は、その文言にある〈日韓両国の絆がより深く、より固いものとなることを強く希求する〉どころか、決着済みのことをわざわざ蒸し返し、韓国側に要らざる期待を抱かせ、それがより強い「反日」のブーメランとなって返ってくる結果となりました。

〝一線〟を越えた李明博大統領

平成二十三（二〇一一）年十一月上旬、韓国が竹島に管理事務所を建設する計画が判明し、韓国国会議員主催のコンサートが開かれました。十二月十四日にはまえがきで述べたように、挺対協によってソウルの駐韓国日本大使館前に十三歳の少女慰安婦と称する銅像が設置されました。日本ではこの年八月に野田佳彦氏が首相に就き、初の外遊として十月中旬に訪韓しましたが、竹島でのコンサートも慰安婦像の設置も、日本側の中止要請は完全に無視されました。

同年十二月十七日に来日した李大統領は、大阪市内で開かれた在日本大韓民国民団（民団）の会合で、元慰安婦をめぐる問題について「解決しなければ、日本は永遠に韓日間の懸案を解決できない負担を抱えることになる」と述べ、韓国大統領府によれば李氏はソウルの日本大使館前に設置された慰安婦像について、「日本の誠意ある措置がなければ第二、第三の像が建つ」と警告したといいます。

自民党政権時代から続く日本の歴史を自ら貶めるかのごとき対韓姿勢が、最悪のかたちで民主党政権の相次ぐ宥和的な外交につながったと言わざるを得ません。その場しのぎの事実の棚上げを続け、摩擦回避に終始した結果が、問題のさらなる悪化と紛糾を招いたのです。

そして平成二十四（二〇一二）年八月十日、李明博氏による韓国大統領として初の竹島上陸という事態に至りました。民主党政権は、わが国固有の領土である竹島について、「韓国による竹島の『不法占拠』」という表現を封印し、それればかりか韓国側の歓心を買おうと「菅談話」まで出しながら、わが国の主権を著しく傷つけたことになります。鳩山由紀夫氏、菅直人氏、野田佳彦氏の歴代民主党内閣が韓国にとりつづけた宥和姿勢は完全に破綻したのです。

歴史的な事実を軽んじて韓国の歓心を買おうとした民主党の責任はさりながら、李明博大統領の〝実力行使〟も異常でした。韓国の歴代大統領は支持率維持のために、とくに政権末期は反日姿勢に傾斜することは常だったとはいえ、竹島上陸は想定を超えていました。李大統領にこの禁じ手を差させたのは、必要以上に相手の感情に寄り添おうとして「菅談話」などの誤ったメッセージを発し続けた民主党政権にその責任があります。

しかも事態はさらに悪化しました。竹島上陸の四日後、李大統領は忠清北道で開かれた教育関連の会合で、天皇陛下の訪韓に言及し、「日王」という表現を用いて「（天皇陛下が）韓国を訪問したいのならば、独立運動で亡くなった方々に対し心からの謝罪をする必要があると日本側に伝えた」と語ったのです。韓国大統領が公の場で直接的な表現で天皇陛下に謝罪を求めたのは初めてです。

李大統領は、「（天皇陛下が過去に述べた）『痛惜の念』などという単語一つを言いに来るのなら、訪韓の必要はない。韓国に来たければ韓国の独立運動家がすべてこの世を去る前に心から謝罪せよ」とまで語ったとされます。支持率の低迷や、実兄、親族が不祥事で相次いで逮捕された李大統領は、大統領としての事績をどう残すかという焦りの選択を日本への強硬姿勢に求めたわけですが、竹島上陸と天皇陛下への謝罪要求の二つは度が過ぎていました。

さすがにわが国会も李大統領による竹島上陸を非難し、「不法占拠」の一刻も早い停止を求め、天皇陛下への謝罪要求発言が「極めて非礼」として撤回を求める抗議決議を採択しました。ようやく言うべきことを言ったわけで、決議は政府や日本国民にその覚悟を問うものとなりました。民主党の宥和姿勢の行き着いたところは、「友好」ではなく深刻な「亀裂」でした。以後、次期大統領が登場するまでの間、日韓の政治家、高級官僚による交流はなく、政治レベルではほぼ断交状態となりました。

暴走し続ける朴槿恵大統領

李氏のあとに登場したのが韓国初の女性大統領となった朴槿恵《パククネ》氏です。日本でも三年三カ月続いた民主党政権が国民の信を失い、「日本を、取り戻す。」をスローガンにした自民党の安倍晋三氏が二度目となる総理大臣に復帰しました。

朴槿恵氏は、朴正熙元大統領の長女として生まれました。日本との国交正常化を望み、日本の資金協力によって高度経済成長を成し遂げた朴正熙氏の娘だから、竹島上陸や天皇陛下に対する非礼な発言で日韓関係を大きく傷つけた李明博氏とは違って、日韓関係の改善を第一に考えるだろう、今度こそ本当に未来志向の「親日的」な大統領が登場したのではないかと日本側では期待が高まりました。

しかし、それは朴正熙氏に抱いている日本人のイメージを娘に投影したに過ぎませんでした。朴槿恵氏は一貫して反日姿勢をとってきた政治家です。彼女は大統領選出馬が決まってから日本との関係で何を語っていたか。

竹島問題ではこうです。

「「独島《トクト》（竹島の韓国名）は歴史的、地理的、国際法的に韓国固有の領土だ。日本がそれを認めれば問題は簡単に解決する。協議の対象ではない」（二〇一二年八月、大統領選の与党候補に選出後の記者会見）

従軍慰安婦問題ではこうです。

「いかなる場合も合理化できず、あってはならないことだった。元慰安婦の方々が生きている間に恨みを解かなければという切迫した心情だ」（同年十一月、ソウルの外信記者クラブでの記者会見）

朴氏当選直後の平成二十五（二〇一三）年一月、日本政府は他国に先駆けて額賀福志郎氏を首相特使として派遣しました。両国関係を改善する考えがあったからですが、韓国はそれに応える姿勢を見せませんでした。朴槿恵氏は大統領当選後、駐韓米国大使の次に必ず日本大使と会談してきた歴代大統領の慣例を覆して、日本大使との会談を中国大使の次の三番目にしました。朴氏は当選直後から中国重視の姿勢を明確にしていましたが、露骨に日本を〝格下げ〟したのです。

安倍政権は同年二月二十二日の政府主催「竹島の日」記念式典の開催を見送りました。朴次期大統領の就任式に配慮したのですが、韓国側の反発は強く、「配慮」は通じませんでした。さらに同月二十五日の大統領就任式に出席した麻生太郎副総理と会談した朴槿恵大統領は、麻生氏に対し、「友好関係構築のためには歴史を直視し過去の傷が癒やされるよう努力し、被害者の苦痛に心からの理解がなければならない」と述べました。その後の「三・一独立運動」記念式典では、日本統治時代について「加害者（日本）と被害者（韓国）という立場は一千年の時が流れても変わらない」と演説し、反日姿勢を際立たせました。

この演説の十日後の三月十一日、東日本大震災の追悼式に招待されていた駐日韓国大使は欠席しました。翌日になって「欠席する意図はまったくなかった。事務的なミスによるものだ」とあり得ない弁明をしただけで、遺憾の表明もありませんでした。

さらに四月、安倍政権の閣僚が春季例大祭の靖国神社に参拝すると、朴大統領は外相の訪日を中止し、五月の訪米時には米議会演説やオバマ大統領との首脳会談で「日本は北東アジアの平和のために正しい歴史認識を持たねばならない」と批判し、十一月の欧州歴訪でも日本批判に同意を求める〝告げ口外交〟を展開しました。その後も内外で、「日韓首脳会談をしても得るものはない」、「日本の一部指導者は謝罪する気もなく元慰安婦を侮辱し続けている」と発言するなど執拗な反日姿勢を示し続けました。

一方、大統領就任当初からスタートした中国の習近平国家主席との「反日」の蜜月関係は〝順調〟で、朴大統領が二〇一三年六月の訪中時に習主席に提案した安重根を讃える碑の建立は、記念館設立へと格上げされ、二〇一四年一月に中国北東部のハルビン駅(伊藤博文が暗殺された場所)に開設されました。安重根は韓国では英雄視されていますが、わが国にとっては明治の元勲にして初代韓国統監だった伊藤博文を暗殺した「死刑判決を受けたテロリスト」(菅義偉官房長官)で、安重根記念館は「中韓反日連携の象徴」と言えます。

朴政権の執拗な反日姿勢は国内で一定の支持を得ているため、政権三年目に入った現在、平成二十七(二〇一五)年十二月に両国外相によって声明された従軍慰安婦問題の「最終的かつ不可逆的に解決される」との合意も、実質的には不確定なものと見なければなりません。

第五章

日本はどうすべきか

——真実を世界に発信し続けよ

昭和10(1935)年当時の朝鮮総督府（毎日新聞社／時事通信フォト）

必要なのは〝覚悟〟と正当な認識

李明博《イミョンバク》氏が〝予言〟したとおり、いまや日本を非難する「慰安婦像（慰安婦碑）」は韓国内だけでなく、アメリカの諸都市に建てられています。二〇一四年五月、米バージニア州北部のフェアファクス郡の郡庁舎の敷地内に韓国系団体が「慰安婦碑」を完成させました。碑の設置はニュージャージー州とニューヨーク州にある計四基に続いて五基目となり、カリフォルニア州グレンデールには「慰安婦像」が建っていますから、全米六カ所に「慰安婦碑」や「慰安婦像」が存在していることになります。

フェアファクス郡の碑には「韓国、中国、台湾、フィリピン、インドネシア、マレーシア、ベトナム、オランダ、東ティモールからの二十万人を超える女性と少女が、強制的に性的奴隷にさせられた」などと書かれています。設置した韓国系団体は「ワシントン慰安婦問題連合」です。バージニア州北部は韓国系住民が多く、同州議会では同年三月に韓国系住民が後押しする複数の州議会議員が主導して、「日本海」と記載されている公立学校の教科書に、韓国政府が主張する「東海《トンヘ》」を併記することを義務づける法律が成立しました（ちなみに、アメリカの教科書は検定制度がないため、国が定めるものではありません）。

こうした韓国の「反日史観」による「従軍慰安婦強制連行」という捏造は、日本が河野談話を発して以来、それを根拠とする中韓の反日勢力（従軍慰安婦問題や南京事件で日本を一貫して糾弾する在米中国系団体「世界抗日戦争史実維護連合会」など）によって〝事実〟として国際社会に発信され続けています。日本政府の宥和的な態度がそれを助長したことは何度も述べたとおりです。

第二次安倍政権になってようやく日本は〝反撃〟に出ていますが、韓国に対して言うべきことを言ってこなかった歴代政権の長期にわたる過怠のツケは重く、日本の名誉回復には「匍匐《ほふく》前進」の粘り強さと、けっして諦めないという国民の〝覚悟〟が不可欠となります。

では、覚悟を固めたうえで必要なのは何か。父祖の歴史に対する正当な認識です。ここで「正当」というのは、東京裁判史観から解き放たれた視点と思考を持つということです。勝者が敗者を断罪する目的で組み立てられた歴史観を、私たちが唯々諾々と抱えて自らの見方や意見を掣肘《せいちゅう》するのはおかしなことです。

自由な思考と禁忌なき言葉を念頭に、明治開国以後の中国や朝鮮半島に対する日本の行為は「侵略」「加虐」ではないのかという意見にはどう応えるか。

明治開国以後のわが国の朝鮮半島と中国への関わりは複雑で、今日的な価値観において「侵略」行為がなかったかといえば、なかったとは言い切れません。しかし、一国の「自衛」が、他国にとって「侵略」となり得るのは論理的には何ら矛盾しないのです。だからその問題に安易に善悪や正義・不正義を持ち込むのは、英国の国際法学者ハンキー卿が言ったように〈人類がもてあました問題〉(『戦犯裁判の錯誤』長谷川才次訳　時事通信社出版局　昭和二十七〔一九五二〕年刊)である以上、紛争に関わった各国がそれにこだわり続ける限り、「和解」や「示談」は不可能に近い試みとなります。

日本の韓国併合とその後の統治は、帝国主義時代における日本国家の生き残りをかけた決断でした。明治政府はそれを好んだのではない、やむを得ざる政治の手段として選択したものです。しかも併合は大韓帝国と大日本帝国との間の条約というかたちでなされました。

「日韓併合は口惜しかった、無念だった」という韓国の人々の感情を汲むとしても、日本が韓国を欧米列強がアジアやアフリカで獲得した「植民地」と同じように搾取をほしいままにする存在としたのでないことは、歴史の事実として譲れないのです。これは韓国の人々にとって承服しがたいとしても、統治の実態を見れば、あくまで併合であって植民地でなかったことは事実なのです。私たちは父祖のためにも子孫のためにもそれを曖昧にはできない。

「歴史」を虚心坦懐に見てみる

アメリカの女性歴史家ヘレン・ミアーズ氏は『アメリカの鏡・日本（Mirror for Americans: JAPAN）』（「完全版」伊藤延司訳　角川ソフィア文庫　平成二十七年刊）でこう書いています。

〈日本が韓国を併合したのは、新皇帝が「請願」したからだった。（中略）トリート教授によれば、日本は「……一つひとつの手続きを外交的に『正しく』積み上げていた。

そして、……宣言ではなく条約で、最終的な併合を達成したのである」。事実、列強の帝国建設はほとんどの場合、日本の韓国併合ほど「合法的」手続きを踏んでいなかった。〉

（＊筆者注　トリート教授とは、戦前スタンフォード大学で歴学部の教授をつとめたペイソン・トリートのこと）

また今日の国際法学界でも、たとえば英ケンブリッジ大学の国際法学者J・クロフォード教授が二〇〇一年の国際学術会議で、「独力で生存がはかれない国について、周辺国が国際的秩序の観点からその国を取り込むというのは当時よくあったことであり、日韓併合条約は国際法上不法なものではなかった。強制されたから不法であるという議論は第一世界大戦以降のもので、当時としては問題になるものではない」と述べています。

韓国がいくら「不当だ」、「無念だ」と日本を非難しても、当時の国際政治の現実を遡《さかのぼ》って否定するのは無理があり、それを日本の側からわざわざ今日的価値観をもって寄り添おうとするのは、もっと相手の性根を見てからにすべきでした。

呉善花《オソンファ》氏は、〈韓国の根本的な問題は、自分たちの歴史を「被害者の歴史」としてしか見ないことだ。〉と述べています（『日本と韓国は和解できない』〈渡部昇一氏と共著

ＰＨＰ研究所　平成二十六（二〇一四）年刊））。

呉氏によれば、韓国併合へと至る道は朝鮮近代の敗北の歴史を意味しているといいます。そして、それを韓国人が考察する際に、「なぜ敗北したのか」、「なぜ『被害者』の側にしか立てなかったのか」という韓国側の要因と責任の所在、それを真摯にえぐり出す作業が未だになされていないことが問題だとしています。

〈代わりに戦後の韓国で徹底的になされたことは、「日帝三十六年」の支配をもたらした「加害者」としての日本糾弾以外にはありませんでしたから、韓国に被害者としての歴史しかないことの対照として日本には加害者としての歴史しか認めないとなるわけです。〉（前掲書）

呉氏がこれを前提に、単なる被害者という視点から自由になって、日本に併合される事態を招いた韓国側の要因、自己責任について、韓国という国家の体質、民族的体質を踏まえて著したのが『韓国併合への道　完全版』（文春新書　平成二十四〔二〇一二〕年刊）です。

呉氏の見解は、韓国では極端な文官独裁の文治主義政治によって軍事が軽視され続けた結果、無残なばかりの軍部弱体化を招来させてしまっていたこと。一方、明治初期の日本の征韓論は、朝鮮侵略それ自体が目的ではなく、ロシアの圧力からの自国防衛に加え、真の狙いが古代から続く華夷《かい》秩序の破壊にあったこと。自らは政争を繰り返しながら、内には復古的専制主義を、外には強固な鎖国攘夷《じょうい》主義と中国への忠誠を取り続けた李朝は、日本からすればとても尋常な精神のものとは思えなかったに違いないということ。そして、日本がそのように頑迷な隣国朝鮮の存在が国家の防衛上大きな障害であると認識したのはやむを得なかったと理解できるというものです。

金完燮《キムワンソプ》氏も『親日派のための弁明』で同様の主張をしていますが、大きな歴史の流れからみれば、朝鮮の開国も朝鮮独立も日本によって成し遂げられたものです。開国直後から日本留学や視察に訪れ、日本の近代化と富国強兵策を目の当たりにした開化派官僚たちは、日本との提携強化による近代化を推し進める以外に将来朝鮮が生き残れる可能性はないと考えるようになりました。

しかし、李朝にそうした機運はまったくありませんでした。日本はまず清国のくびきから朝鮮を自由にしなければ自国の存立が危ういと考えたのです。日清戦争と日露戦争の両方に共通する目的は朝鮮半島の安定でした。日本の脅威となるような事態が朝鮮半島に起るのを防ぐのが目的で、近代化を果たしつつある日本から見れば、当時の清国と朝鮮には欧米列強の圧力を跳ね返す力がないばかりか、日本が手をこまぬいていれば自らの安全と独立が脅かされるのは間違いない状況でした。したがって朝鮮半島と支那大陸の問題に踏み込んでいかざるを得なかったのです。

これは侵略というより、動機はあくまで国の防衛にありました。日清戦争は、開戦の詔勅に「朝鮮は帝国が其の始に啓誘して列国の伍伴に就かしめたる独立の一国たり。而して清国は毎に自ら朝鮮を以て属邦と称し、陰に陽に其の内政に干渉」とあるように、朝鮮に対する清国の支配に終止符を打ち、その影響を排して日本の安全と独立に帰することを目的としたのです。

清国は従来意識のまま「朝鮮は我大清の藩屏（引用者註：直轄の領地）たること二百年余、歳に職貢を修めるは中外共に知る所たり」とし、むしろ朝鮮との関係を近代的な宗主国と植民地の関係に改めて一層の従属化を図ろうとし、それを阻止しようとする日本と戦ったわけです。

日本が日清戦争に勝利して朝鮮の独立が達成されると、後ろ盾の中国を失った李朝は、日本と提携してロシアの侵出を排除しようとするのではなく、逆にロシアの保護下に入って日本を排除する親露侮日政策をとりました。これは韓国人の根底に日本に対して華夷秩序に基づく上位意識が影響していたからです。自分たちより下位にある劣った日本人となぜ提携しなければならないのかという意識です。そして国内改革、独立への動きを李朝自らが執拗に摘み取りました。

ちなみに朝鮮王朝で「皇帝」となったのは、高宗とその子の純宗の二人だけです。それまではみな「王」でした。「王」は「帝」の息子や周辺の蛮族の酋長の意で、朝貢者にシナの皇帝が与える称号でした。帝よりはるかに低い地位で、「朝鮮」という国号も、もとは明の皇帝から与えられたものです。朝鮮王としか名乗れなかったのが、日清戦争に日本が勝利した結果、朝鮮は支那から完全な独立を得て大韓帝国（韓国）となり、歴史始まって以来初の皇帝が朝鮮半島に誕生したのです。

しかし、韓国は三国干渉を受け容れた日本を侮蔑的に見たのです。清国を抑えてもロシアに朝鮮半島を抑えられれば日本は直接ロシアと対峙せざるを得なくなります。ロシアが朝鮮と国境を接する満洲から撤兵する意思がないことがはっきりした時点で、日本はロシアとの戦いを決意しました。

日露戦争で韓国は「中立」を宣言しましたが、これは事実上ロシアに加担したのと同じでした。日本はそれを看過できず継戦中の明治三十七（一九〇四）年、ソウルを占拠して「日韓議定書」を結びました。韓国内での日本軍の行動の自由などを求めたもので、同時に韓国の皇室、韓国の独立と領土を確実に保障するという片務的な防衛義務を負いました。日本に一方的に有利なものだったわけではありません。

朝鮮が事実上日本の軍事的な保護国になったことに韓国社会は大きな衝撃を受け、議定書に署名した李址鎔《リシヨウ》と具完熙《グウアンフイ》の邸宅に爆弾が投げ込まれるなど、民衆の反発を呼びましたが、このとき韓国政府がとった行動は徹底した自己保身でした。

〈日露戦争がしだいに日本の勝利に傾いていくと、韓国政府は五月一八日付の詔勅（王名）で、韓国とロシアのあいだに締結されていたいっさいの条約と協定を破棄すると宣布し、同時にロシア人やロシア企業に割譲した利権もすべて取り消した。

これは、朝鮮王室が久しく得意としていた「勝ったほうが、わがほう」政策から出たものといえるが、もしもロシアが勝った場合、かれらはどういう態度に出たのかは容易に察しがつく。「われらは厳正中立を宣言したが、日本の強要でやむをえず署名したので韓日議定書は無効だ」と宣言したあと、朝鮮半島における日本のすべての利権を取り消して、日本と朝鮮のあいだに締結されたあらゆる条約と協定を破棄したことだろう。国家の命運など眼中になかった朝鮮王室は、みずからが生きのびる手段を求めて、肝臓についたり胆嚢《たんのう》についたりする〈二股をかけること〉曲芸を数十年間つづけてきたのであり、もはや統治者としての資格をなくした集団〉(『親日派のための弁明』)だったのです。

日本と李朝のはざまで朝鮮の民心は揺れました。どうやって生き残っていくか……と。〈日本と合併することだけが朝鮮の文明開化と近代化を達成する唯一かつ最善の方策であるという点については、当時朝鮮の改革勢力のあいだで暗黙の合意があったものと思われる。(中略)

そのもっとも有力な証拠が一九〇四年に結成された「一進会」だ。この団体は東学と独立協会、万民共同会など朝鮮のあらゆる革命団体が連合したものであり、朝鮮王朝と反動勢力を転覆させ、日本との連帯のもとで革命の課題である文明開化をなしとげるために結成された。しかしこのような事実は韓国社会では徹底的に隠蔽され、韓国政府は一進会について、日本が少数親日派を糾合して結成したエセ団体であるかのごとく歪曲して教育している。〉（前掲書）

李朝（韓国）は、自らの統治能力の不足を省みることなく、自己権力の温存を図るために日本の近代化に刺激を受けた改革派の動きを潰してきました。それでいて李朝に何か展望があったのではありません。そこに登場したのが、李容九らが率いる一進会《イルチンフェ》でした。彼らは李朝への絶望から出発し、民族の独立と尊厳の確保をめざして日韓合邦運動に進みました。

一進会が朝鮮人の未来を託す相手に選んだのは、中国でもロシアでもアメリカでもなく日本でした。日露戦争中、韓国政府が日本の鉄道建設に協力しなかったばかりか、陰で妨害工作を行ったのに対し、一進会はソウルから新義州までの鉄道敷設で日本軍に協力し、日韓攻守同盟の強化によるロシア排撃を主張しました。

日露戦争が日本の勝利に終わった明治三十八（一九〇五）年十一月、来日したタフト米陸軍長官と桂太郎首相との間で、アメリカがフィリピンを領有することと、日本が韓国を保護国化することを互いに承認する内容の覚書が交わされました。さらにイギリスとロシアの承認を得たうえで、日本は韓国との間で「第二次日韓協約（日韓保護条約）」を結びました。それにしたがって日本は韓国の外交権を接収し、事実上保護国としたのです。

この保護国化に反発したのは高宗皇帝でした。一九〇七年、高宗はオランダのハーグで開かれた戦時国際法を論じる第二回万国平和会議に密使を送り、参加各国に日本の非を訴え、自国の外交権を回復しようとしました。しかし高宗皇帝の訴えは列強から相手にされず、密使は会議に出られませんでした。韓国側からすれば、今日においても無念でしょうが、ヘレン・ミアーズ氏の言うように、これが当時の国際社会の常識でした。

以後の日本の方針は、韓国の保護国化か併合かで揺れました。初めから併合を決めていたわけではありません。初代韓国統監の伊藤博文は、日本にプラスにならないとして併合に反対の立場でしたが、安重根に殺害され、日本は韓国の併合を決意します。

一九〇九年十二月四日、一進会は「百万会員」の名で韓日合邦を要求する声明書を発表しました。この声明書は韓日合邦上奏文として純宗に送られ、内閣には韓日合邦意見書として伝えられ、内外には韓日合邦声明書として発表されました。

以下は『親日派のための弁明』に記されたその一節です。

〈幸い合邦が成立して二つの翼がともにはばたき、二つの車輪がともにまわる政治範囲（合邦後の日本をさす）で、生きようと願いながら生を得られず、死のうとしながら死ぬことのできないわれら二〇〇〇万国民は、奴隷の侮蔑から抜け出し犠牲の困苦をまぬがれて、同等な伍列でいちど新たに回生し、余地を確立して前歩を試進し実力を養成すれば、前途の快楽を享有して後日の活躍を得られるのは明らかである。〉

実際には、一進会の会員数については諸説あり、百万という数字はその最大値なのですが、当時韓国内で最大の政治結社だったことは間違いありません。

一九一〇（明治四十三）年八月二十二日、日韓併合条約はソウルで寺内正毅統監と李完用首相により調印されました。

呉善花氏は『韓国併合への道　完全版』で、戦後の韓国において〈少なくとも民族の尊厳の確保に賭けて大アジア主義を掲げ、国内で最大限の努力を傾けた李容九らを売国奴と決めつけ、国内で表立った活動をすることもなく外国で抗日活動を展開した安昌浩や李承晩らを愛国者・抗日の闘士と高く評価するバランス・シートは、私にはまったく不当なものである〉としたうえで概略こう述べています。

「李朝（韓国）の積極的な改革を推進しようとしなかった政治指導者たちは、一貫して日本の統治下に入らざるを得ない道を自ら大きく開いていったのであり、彼らは国内の自主独立への動きを自ら摘み取り、独自に独立国家への道を切り拓こうとする理念も意思もなければ指導力もなかった。当時、韓国独立への道が拓かれる可能性は、金玉均《キムオッキュン》らによる甲申政変の時点と、彼らを引き継いだ開化派の残党が甲午改革を自主的、積極的に推進していこうとした時点にしかなかった」

私も、一進会の行動を「売国行為」と非難するのは、当時の韓国の現実を担おうとした彼らに対し衡平を欠く見方だと思います。一進会が望んだ「対等合邦」が果たされず日本による併合となったことからも、日韓両国で一進会を「親日御用エセ団体」と切って捨てる向きが強いのですが、細かい経緯を見れば、李容九らは日本政府を完全に信じて合邦運動を進めたのではないことがわかります。

彼らは日韓合邦から大東亜への合邦という理想をもって進めたのであって、彼らが頼りとしたのは日本政府というよりも、呉善花氏が『韓国併合への道　完全版』で指摘したように〈(大東亜への合邦という) 方向に共感を寄せる日本の民間志士やジャーナリズムに表されていた民意・民情〉で、具体的には内田良平や杉山茂丸らのアジア主義者でした。これは二十数年のちに「五族協和」を謳った満洲国建国の理念に通じるもので、当時の日韓両国の合邦論者たちに、アジアの諸民族が協力して欧米列強のアジア侵出に対抗し、共存共栄をはかっていこうという理想主義のあったことを消し去ってはならないと思います。

純宗皇帝は勅諭で韓国民にこう呼びかけました。

「自ら断じ、茲《ここ》に韓国の統治権を従前より親信依り仰したる、隣国日本皇帝陛下に譲与し、外東洋の平和を強固ならしめ、内八域の民生を保全ならしめんとす。

惟爾大小臣民は、国勢と時宜を深察し、煩擾《はんじょう》するなく各其業に安じ、日本帝国の文明の新政に服従し、幸福を共受せよ」

明治天皇の詔書にはこう記されています。

「韓国皇帝陛下及び其の皇室各員は、併合の後と雖《いえど》も相当の優遇を受くべく、民衆は直接朕が綏撫《すいぶ》の下に立ちて其の康福を増進すべく、産業及び貿易は治平の下に顕著なる発達を見るに至るべし。而して東洋の平和は之に依りて愈々《いよいよ》其の基礎を鞏固《きょうこ》にすべきは、朕の信じて疑はざる所なり。（中略）百官有司克く朕の意を体して事に従ひ、施政の緩急其の宜きを得、以て衆庶をして永く治平の慶に頼らしむることを期せよ」

そして、併合後には「朝鮮貴族令」によって公爵六名、伯爵三名、子爵二十二名、男爵四十五名の授与があり、韓国の「皇室の尊厳と名誉とを永く保持するがため、総督府特別会計中より毎年百五十万円の歳費を支出する」と定め、保護しました。

韓国の民生向上にも努め、総督府の処置のなかには「孤児の教養、盲唖《もうあ》者の教育、精神病者の救療基金として五十万円、一般貧民の救護基金として二百八十五万円、行路病者（行き倒れ）救療基金として二十一万三千円、風教を奨励するがため経学院基金として二十五万円を交付し、十三道三百二十九府郡の教育、授産及び凶歉《きょうけん》（凶作）救済事業として千七百三十九万八千円を恩賜せられ、帝国政府は臨時恩賜公債三千万円を発行……」という施策もありました。

日韓併合の目的が一方的な搾取だとすれば、このような予算措置はされるはずがありません。今日韓国側から「無念だ」、「不当だ」と非難されても、当時の日本は朝鮮人を同胞とみなし、努力したのです。

この努力に対し、朴贊雄《パクチャンウン》氏は〈朝鮮に政争も腐敗も弾圧もない、このような天下泰平の時代が、かつてあっただろうか〉（『日本統治時代を肯定的に理解する』）と記し、金完燮氏もまたこう記しました。

〈当時の朝鮮の現実を勘案すれば、日本という新しい支配者を迎えたことは、朝鮮人民の生活の質をすみやかに改善するうえで望ましい選択だった。「独立協会」の指導者として自主独立運動を強力推進した李完用《イワンヨン》が結局は韓日併合を主導するようになったのも、このような現実を認識して愛国の決断を下したものと解釈しなければならない。朝鮮半島の統治権を引き受けた日本は、いまの基準でみれば多少強引な人権蹂躙《じゅうりん》の事例がないが、当時の時代状況に鑑《かんが》みればたいそう礼儀正しく、人本《じんぽん》主義に立った統治を実施したのである。〉（『親日派のための弁明』）

〈日本は当初から莫大な資金を投入し、鉄道を敷き、車の通れる道をつくり、土地調査事業をおこない、近代的な官僚制度を移植し、学校を建てて朝鮮人を教育した。（引用者註：朝鮮が）植民地として最悪の条件という点については三つを指摘することができる。第一に朝鮮は気候が温暖でなく特別な天然資源がない、第二に政治、経済、文化的にアジアでもっとも遅れた地域だった、第三に東洋でも類例がないほど強力な儒教原理主義が根を張った社会であった。とくに、儒教原理主義を打破して資本主義経済にみあった新思想を普及するのには、膨大な労力を要した。〉（前掲書）

もちろん、この二氏だけの評価をもって「これが日韓併合の実相だ！」と言えるはずもありません。彼らの体験と考察もまた全体からすれば断片です。

しかし、〈植民地支配によって、国と文化を奪われ、民族の誇りを深く傷付けられました〉という日韓併合百年で出された菅談話とは、なんとほど遠い内容でしょう。

今日、日本の朝鮮半島統治を語るとき、日韓両国に共通するのはそこに肯定的な評価を認めないことです。ともすれば感情に左右された否定的な証言や、イデオロギーに染まった研究のみが発信される自由を許されているかに見えます。そこでは「事実」の検証が軽んじられています。

あくまでニュートラルに〝経緯〟を見るべき

日韓併合時代に、日本は韓国（朝鮮半島）から「主権」、「国王」、「人命」、「国語」、「姓氏」、「土地」、「資源」等々を奪ったとされます。これについて簡略に反論しておきます。「主権」を『広辞苑』（第六版）で引くと、〈その国家自身の意思によるほか、他の意思に支配されない国家統治の権力。国家構成の要素で、最高・独立・絶対の権力。統治権〉とあります。

そもそも李氏朝鮮は事実上清国の属国でした。朝鮮の近代国家としての独立を望んだ日本が、宗主国としてそれを許さなかった清国と戦い勝利した結果、「大韓帝国」は成立しました。その後、大韓帝国と大日本帝国とは条約を結んで一体化したのです。日韓併合は二つの帝国の「合邦」であって、一方が他方を「植民地」にしたのではありません。この場合、国力が同等でなければ合邦とは認められないというのは感情論です。あるいは政治的利害からの主張です。

たしかに朝鮮半島と内地の間にさまざまな格差はありましたが、その差を埋めるべく努力が積み重ねられた事実を無かったことにするのはフェアではありません。

上智大学の渡部昇一名誉教授によれば、当時英語の文献では日韓併合は「アネクセーション（annexation＝合邦）」と表現され、「コロナイゼーション（colonization＝植民地化）」は使われていないそうです。日韓併合から十二年後の『ブリタニカ百科事典（Encyclopedia Britannica）』一九二二年刊（第十二版）の「KOREA」（コリア）の項目に初めて日韓合邦のことが〈一九一〇年八月二十二日、コリアは大日本帝国（Japanese Empire）の欠くべからざる部分（integral part）になった〉と記されました。

その四年後の一九二六年に発行された第十三版で、「アネクセーション・オブ・コリア」という項目が立てられ、〈日清・日露戦争は、朝鮮が日本の心臓に向けられた短刀となることを防ぐための戦いであった〉、〈朝鮮の宮廷人たちの気まぐれで自殺的な外交をやめさせるためには日本が合併するより方法がなかったが、とどのつまり伊藤博文の暗殺によってクライマックスを迎えた〉と、日本に対し同情的に記されました。

遡及《そきゅう》しないという近代法の原則からも、当時の国際社会が日韓併合を合法かつ有効と見なしていた事実を認め、大韓帝国の統治権は大日本帝国に奪われたのではなく、一体化したとみるのが妥当です。

「国王」については、日本は李王家を皇族として遇しました。李王家の世嗣・李垠《リギン》殿下には梨本宮方子女王が嫁がれ、「李王家歳費」として毎年百八十万円が計上されました。植民地の王制をことごとく廃した欧米と日本は違っていたのです。

「人命」については、個別に何を指すのか不明です。法に基づかない軍・官憲による朝鮮人の殺害であれば、日本国家はそれを許していません。法治による人命尊重がなされたはずです（『日本統治時代を肯定的に理解する』や『生活者の日本統治時代』などを参照）。

「土地」も奪っていません。総督府は明治四十三（一九一〇）年九月に臨時土地調査局を設置し、土地調査令の公布によって本格的な土地調査事業を開始しました。大正七（一九一八）年十一月に全事業を完了し、林野をのぞくすべての土地の所有権を確定しました。

確定された朝鮮全土の土地は大正七（一九一八）年末で四四二万町歩《ちょうぶ》（田畑や山林の面積を計算するのに町を単位としていう語。一町は約九九・一七アール）で、うち朝鮮人所有地が三九一万町歩、国有地が二七万町歩、日本人所有地が二四万町歩でした。所有権者不明で官所有地と判断された一二万町歩と所有権の申告がない、または所有権者不明の土地二万七〇〇〇町歩を総督府が接収しました。総督府が接収した土地は全体の約三％です。法にのっとって行われ、総督府が接収の過程で朝鮮人の所有地を奪った事実はありません。

「資源」も奪っていません。開墾・干拓・灌漑などの大規模な土地改良事業に取り組み、約五千キロに及ぶ鉄道敷設、道路・架橋・航路・港湾などの交通設備や電信・電話などの通信施設を敷設し、近代的な工場や大規模水力発電所（水豊ダム）を建設しました。

工業生産額は昭和二（一九二七）年~昭和八（一九三三）年に三億円台、昭和十（一九三五）年に六億円台超、昭和十五（一九四〇）年に十八億円台超。林業については植林が毎年行われ、大正十一（一九二二）年までに植林された苗木は総計十億本に上りました。農業も併合当時、年に一千万石だったコメの生産高を昭和七（一九三二）年には一千七百万石、昭和十五（一九四〇）年に二千二百万石超にしました。

併合時に百校ほどだった小学校を大正十二（一九二三）年に二千五百の面（村）で三面に一校、昭和十一（一九三六）年に一面に一校、昭和十七（一九四二）年に一面に二校設置と拡充しました。

日本が投資し、建設した鉄道網、発電所、工場などすべてのインフラは日本の敗戦によって韓国・北朝鮮の所有となりました。イギリスはインドから撤退する際に資産譲渡の見返りに多額の資金をインドに支払わせましたが、日本はそうしませんでした。日韓請求権協定で相互に請求権を放棄するとしたのは、仮に請求した場合、日本のほうが巨額になることがわかっていたからです。

「国語」も奪っていません。総督府は公立学校を中心に日本語、朝鮮語、算数、日本史、朝鮮伝統の修身などの教育を展開しました。終戦までの数年間、朝鮮語教育が停止されましたが、日常的に朝鮮語の使用を禁じたのではありません。韓国・北朝鮮が現在用いているハングルは、一四四三年に李朝の第四代王・世宗の発議によって、朝鮮語の音を完璧に表記するために創出された表音文字で、漢字からは完全に独立した文字です。

漢字を重んじる高級官僚や知識人は、ハングルを「真字」ではないとして排斥し、以後四百数十年の間ほとんど使われずにいました。本格的に一般に普及したのは日本統治下の学校制度を通してでした。ハングルを民族の言葉として復活させ、両班《ヤンバン》、庶民の区別なく普及させたのは日本で、学校でハングル・漢字・日本語教育を推し進めた結果、朝鮮の識字率は明治四十三（一九一〇）年に約六％だったのが昭和十八（一九四三）年には二二％まで上昇しました。

「氏姓」を奪ったというのは「創氏改名」を指しますが、これも誤解に基づく非難です。昭和十五（一九四〇）年に施行された創氏改名という措置は、韓国で主張されているような「朝鮮人の姓名を強制的に日本名に改めさせること」ではありませんでした。

創氏とは、朝鮮式の「本貫（本籍）と姓」とは別に、新たに一つの家族名として「氏」を創設する制度であり、すべての朝鮮人に適用されました。改名とは、従来の氏名を任意に――日本式と決められていたわけではない――変更できる制度です。肝心な点は、創氏をしても従来の姓がなくなることはなく、氏の設定後も元来の姓と本貫はそのまま戸籍に残されること。日本式の氏名などへの改名は法的な強制ではなく、期限も決められていませんでした。

韓国の氏姓制度は日本人にはわかりづらいのですが、女性は結婚しても結婚先の姓は名乗れない夫婦別姓です。日本式の名字導入は家族が同じ名字を名乗りなさいということで、それまでの姓を使って法的に咎《とが》められることはありませんでした。

ちなみに朝日新聞［朝鮮版］の昭和十五（一九四〇）年三月六日付に、当時の南次郎朝鮮総督の《氏の創設は自由　強制と誤解するな　総督から注意を促す》という記事が載っているように、強制でないことは何度も告知されました。ただ、役所や学校などで朝鮮の人々がそれを推し進めようとしたことはありました。それをもって強制されたというのは、これも感情的な受け止め方で現実の不利益に直結したとは言えないのです。実際には、朝鮮姓のまま日本軍で昇進したり議員になったりした者もいます。陸軍中将になった洪思翊《ホンサイク》は親任官でした。陸軍少佐として支那事変で中国軍を撃退し功三級金鵄勲章を受章した金錫源《キムソクウォン》や、東京府で衆議院議員に二度当選した朴春琴《パクチュングム》ら朝鮮名で活躍した人は少なくありません。

日本人と朝鮮人の間に差別がまったくなかったとは言えませんが、選挙権や義務教育制度など「内鮮一体」を目指した努力が続けられたのは事実なのです。今日ではそれも「皇民化政策」として非難されますが、生活者の実態を顧みない観念的なものだと言えます。

日本統治時代の「生活者」について、呉善花氏は私の取材にこうまとめて語ってくれました。

「重要なことは『内鮮一体』『皇民化』といわれた政策は、政治共同体や国土といった『国』レベルで行われはしても、生活共同体や郷土といった『クニ』の領域にまで踏み込んだものではなかったという事実です。日本統治下の朝鮮人たちは、李朝やそれ以前に比べてずっと平穏無事な普通の生活ができ、それが阻害されないかぎり、反日独立運動の旗を掲げて統治者と戦う必要もなく、秩序に従って生きる選択をしたのです。

私はこうした当時の庶民の生き方を、いまの韓国人が誇りをもって堂々と肯定していけるようにならなくてはいけないと思っています。一貫して朝鮮のクニを守り抜いたのは海外にいた反日知識人などではなく、朝鮮半島にいた一般の生活者たちだった。これを認めることが事実と向き合う、ということです」

事実をもう一つ付け加えれば、日本の朝鮮統治は最後まで投資過剰の赤字経営でした。朝鮮総督府の統計年報によれば、朝鮮の財政赤字は総額十七億六千六百五十七万円（明治四十四〔一九一一〕年～昭和十六〔一九四一〕年）で、赤字分は内地からの交付金（年間約一千二百万円）と借入金、公債でまかなわれました。貿易収支は総額六億四千七百万円（明治四十三〔一九一〇〕年～昭和十四〔一九三九〕年）の赤字でした。

大東亜戦争開戦前の日本軍の作戦立案過程で、軍費の調達は朝鮮半島にも満洲国にも期待できないとの結論が出されています。利益が還元されるどころか内地からの投資が続いていたからです。朝鮮半島から収奪を重ねて潤ったということはまったくないのです。

「強制連行」の真実

『広辞苑』（第六版）の項目に立てられている【朝鮮人強制連行】の〈日中戦争・太平

洋戦争期に100万人を超える朝鮮人を内地・樺太（サハリン）・沖縄・東南アジアなどに強制的に連行し、労務者や軍夫などとして強制就労させたこと。〉という記述も間違いです。西岡力氏の『コリア・タブーを解く』（亜紀書房　平成九〔一九九七〕年刊）をもとに現在の状況を踏まえ記します。

朝鮮人内地移送計画は昭和十四（一九三九）年から開始されましたが、それによって渡日した者とその子孫は現在の「在日」のなかにほとんどいません。終戦時の在日人口は約二百万人で、そのうち移送計画による労働者は三十二万人に過ぎないのです。占領軍の命令によって日本政府は韓国への引き揚げ船を準備し、運賃無料、持ち帰り荷物制限二百三十キロまでという条件で帰国させています。昭和二十一（一九四六）年末までに約百四十万人が帰っていき、自分の意志で残留を希望した約六十万人が日本にとどまりました。引き揚げにあたっては移送計画により渡日した労働者が優先とされ、結果として、三十二万人の「連行者」はほとんどこのときに帰国しました。

次に、そもそも朝鮮人内地移送計画の実態が「強制連行」などというものではありませんでした。計画期間中、在日人口は百二十万人増加しましたが、過半数の六十三万人が出稼ぎ渡航者とその家族なのです。戦時中、大量の朝鮮人が稼ぐために、労働力が不足していた内地に自分の意思で渡航していたのです。先の三十二万人が終戦時における戦時動員労働者で、残りの二十五万人は「官斡旋」や「徴用」で渡日したあと、現場を逃走してより条件のいい飯場などで働く「自由労働者」（当時の用語）となった者です。

ちなみに現在の在日人口は、帰化者の増加にともなって約三十六万人に減っていますが、日本政府は彼らに「特別永住」というほかの外国人にはない法的に優遇された地位を与えています。社会保障制度も日本人と同じ扱いがされ、「入管特例法」が改定されない限りその地位は子孫代々まで保障されます。

竹島問題の根本

「独島《トクト》（竹島）」は韓国の領土」という韓国の主張にも反論しておきます。

二〇一二年のロンドン五輪で行われたサッカー男子三位決定戦、日本―韓国戦の試合終了後、韓国の朴鍾佑《パクチョンウ》選手が、ハングルで「独島はわれわれの領土」と書かれたメッセージ・ボードを掲げ、国際オリンピック委員会（IOC）から五輪憲章に違反するとして処分されました。しかし、このとき韓国世論は「独島を韓国のモノといって何が悪いのか」と開き直り、反省はまったくありませんでした。

朴槿恵《パククネ》大統領も同じ頃、大統領選の与党候補に選出後の記者会見で、「独島は歴史的、地理的、国際法的に韓国固有の領土だ。日本がそれを認めれば問題は簡単に解決する。協議の対象ではない」と述べました。

独島は竹島の韓国側の名称です。島根県沖の本土から約二〇〇キロにある二つの岩島と岩礁群で、「歴史的、地理的、国際法的に日本固有の領土」であることは間違いなく、韓国がそれを認めれば問題は解決します。日本は領有権に関し国際司法裁判所（ICJ）で韓国と議論するのにまったくやぶさかではないのですが、韓国はその場に出てこようとはしません。

なぜか。事実関係をめぐって争えば正当性のないことを韓国政府自身が知っているからです。金完燮氏はこう語っています。

〈日本はすでに一九〇五年一月二十八日に独島（竹島）を日本の領土に編入し、同年二月二十二日には「島根県告示四〇号」を発表して、この島を「竹島」と呼び隠岐島司（島根県隠岐島庁の長）の所管におくと公示している。当時は鬱陵島さえ無人島であり、大韓帝国は公式に抗議することなく、竹島は国際法に照らして日本の領土と認められた。独島（竹島）について日本以外の国が所有権を宣言したのは、一九五二年一月一八日に発表された「大韓民国国務院告示一四号＝隣接海洋の主権に関する大統領宣言」が初めてだった。

だがこの告示は事実上無効だ。韓国政府はこの「一四号告示」によって日本海の公海上に勝手に線を引き、「平和線」と呼んで、これを侵犯した日本漁船を捕まえて釜山港に抑留するなど、日本に主権がないことにつけこんで「強盗」をはたらいた。李承晩の考えは、日本の漁民を人質にして、韓日国交正常化交渉でより多くの金を要求しようということだった。この「李承晩ライン」事件は、その後政府もこれを撤回した不当な措置であり、このとき同時に宣言された独島(竹島)主権宣言も効力を失ったのである。（中略）

日本の立場でみるとき、一九〇五年いらい、独島（竹島）は日本の領土だったのであり、これは韓日併合とは関係なく、無人島にたいする先占取得である。所有権宣言以前には、おもに日本の漁船が海驢《あしか》漁の拠点にした島だ。したがって当然日本の領土ということであるが、これは客観的に説得力ある主張だ。事実、独島（韓国）問題で韓国に有利な点は、韓国のほうが日本より鬱陵島に近いということだけである。〉（『親日派のための弁明』）

日本は江戸時代の元和から寛永年間の頃（一六一五年～）から竹島の存在を認知し、渡海していました。

〈鳥取藩伯耆国米子の町人大谷甚吉、村川市兵衛は、同藩主を通じて幕府から鬱陵島（当時の日本名「竹島」）への渡海免許を受けました。これ以降、両家は交替で毎年1回鬱陵島に渡海し、あわびの採取、あしかの捕獲、樹木の伐採等に従事しました。〉（外務省HP）

かりに幕府が竹島を外国領と見なしていたのなら、一六三五年の鎖国令以後は渡航を禁じたはずですが、そのような措置はされていません。明治時代の編入は実効支配を近代国家として法的に確認した措置です。日韓併合とは関係なく、大東亜戦争の戦後処理においても、米国はじめ国際社会は日本の領有権を正当とみなしました。

たとえば、当時のラスク米国務次官補（極東担当）は一九五一年、駐米韓国大使に対し、竹島について「朝鮮の一部として取り扱われたことが決してなく、一九〇五年頃から日本の島根県隠岐島支庁の管轄下にある」との書簡（ラスク書簡）を送っているほか、一九六〇年、当時の駐日米国大使ダグラス・マッカーサー二世が国務省に送った電報にも、「竹島は日本の領土であり、韓国は武力で不法占拠している。最低限米国は本件を国際司法裁判所に付託し、仲裁を求めることに合意するよう主張すべき」旨の内容が確認されています。

李承晩《イスンマン》大統領が、竹島が韓国の支配下にあると一方的に宣言し、昭和二十九（一九五四）年から沿岸警備隊を常駐させ、灯台や無線電信所の設置を進めるなど、日本が憲法九条に拘束され無力であることを見越して「武力」で奪い取ったことを米国も苦々しく思っていたのです。

「李承晩ライン」は昭和四十（一九六五）年の日韓基本条約によって廃止されましたが、それまでの期間、韓国の実力行使（不法拿捕）によって抑留された日本漁民は四千人近くに上り、拿捕時の攻撃による死傷者は四十数名、漁船などの物的被害も約九十億円（当時）に及びました。

日本は昭和二十九（一九五四）年と三十七（一九六二）年の二度、ＩＣＪでの紛争解決を韓国に提起しましたが、韓国は拒否しました。ＩＣＪの裁判は紛争当事国の合意がなければ成立しません。日韓基本条約の交換公文では、竹島問題について、両国間で解決できない場合は「調停によって解決を図る」とされています。韓国が提訴に応じないこと自体が合意違反なのですが、今後はこの点も明確に国際社会に訴えていく必要があります。韓国はサッカー会場ではなく、堂々とＩＣＪで「独島は韓国の領土」と訴えてみせればいいのです。

慰安婦二十万人はあり得ない

「日本軍に連行された従軍慰安婦二十万人」という数字も、秦郁彦氏の調査によってすでに虚構であると指摘されています（平成十〔一九九八〕年十月三日付産経新聞）。

秦氏の調査によれば慰安婦そのものの総数は一万数千人で、「五〜二十万」説を大きく下回っています。内訳も大部分を占めるとされた朝鮮人女性は二割程度で、日本内地の女性のほうが多いというものです。

慰安婦の総数をめぐっては、朝日新聞は〈従軍慰安婦の総数は八〜二十万人で、八割が朝鮮人女性〉と繰り返し書きました。毎日新聞は〈十〜二十万人〉、平凡社の大百科事典は〈八〜十万人〉説です。国連人権委員会のクマラスワミ報告やマクドガル報告が〈二十万人〉という数字を採ったのは既述のとおり。

秦氏は、政府が集めた二百数十点に及ぶ公式文書を調べ直すとともに、それ以外の外務省資料や警察統計などにも当たったうえで、「一万数千」という数字を出しました。

秦氏はほかにも、「戦地慰安所の生活条件は平時の遊郭と同じレベルだった」、「慰安婦の九五％以上が故郷に生還した」、「軍を含む官憲の組織的な『強制連行』はなかった」、「元慰安婦たちへの生活援護は、他の戦争犠牲者より手厚い」などの事実が調査で確認されたと発表しています。

二十年近くも前にこうした指摘がなされていたのに、なぜマスメディアにも政治にもこの数字は顧みられなかったのか。産経新聞の発行部数が朝日新聞の約四分の一という問題もあったのかもしれませんが、それ以上に、従軍慰安婦問題について、謝罪や補償のあり方などをめぐる政治的議論ばかりが先行し、事実の究明がなおざりにされてきたということではないかと思います。

当時、雑誌『正論』の編集者だった私は、大部数の新聞や地上波のテレビが、この問題をいかに先入観や固定観念（東京裁判史観）でとらえているか、いかにそこから踏み出さないかを歯がゆく思いながら、それに抗う雑誌づくりに励みました。

本書執筆の機会を与えられたとき、編集者として取材したことを活かして、事実に基づかぬ日本非難に対し誰もが反論できる「案内書（ガイド）」にできればと思いました。本書はそうした動機で書き進めたものです。

こうしてみると私たちは、戦前日本の罪とされたことの多くに、「事実」をもって反論する余地のあることがわかります。

朝日新聞と金完燮氏

朝日新聞は平成二十六（二〇一四）年八月五日付朝刊で《慰安婦問題　どう伝えたか読者の疑問に答えます》との大見出しのもと、これまでの同紙の慰安婦報道を一部であるにせよ誤りを認めて訂正しました。十六回も取り上げたと自ら認めた吉田清治氏の「慰安婦を強制連行した」という証言について〈虚偽だと判断し、記事を取り消します〉としましたが、従軍慰安婦問題に関する朝日の「報道被害」の大きさを考えれば、さして評価できる内容ではありませんでした。問題を「今日的な人権問題」にすり替え、責任逃れを図ったものです。日本が非難を浴びている従軍慰安婦問題の本質は、「強制連行の有無」であり、朝日が問われているのは、報道が事実に基づいていたかどうかなのです。朝日はいまもこれには明確に答えていません。

朝日は言論の自由や人権の尊重を強く訴えます。しかし、朝日の考える言論の自由とは何でしょうか。従軍慰安婦問題で「強制連行はなかった」という発言や、そうした研究の発表の自由を朝日は守ってきたでしょうか。目配りしてきたでしょうか。

私は本書で、金完燮氏や呉善花氏の言説を積極的に取り上げました。金完燮氏は『親日派のための弁明』を刊行したこと、それにともなう発言などが韓国当局に問題視されました。二〇〇三年の盧《ノ》武《ム》鉉《ヒョン》政権時代には、日韓関係の過去史を改めて究明しようという韓国国会の特別委員会の公聴会に召喚され、親日的発言が告訴の対象になり、検察当局から「被疑者」として文書で出国禁止を通告されました。

二〇〇五年には、日本の朝鮮半島統治を肯定的に評価したうえで、当時の王族や支配層、抗日活動家などを批判したのは、旧王族の子孫や慰安婦、徴用者遺族などの名誉を傷つけるものだとして訴えられ、ソウル地裁で約一千万円の慰謝料支払いを命じる判決を受けています。金氏は刑事、民事複数の訴訟の被告にされ、国会の公聴会や法廷では傍聴の反対派に暴力をふるわれてもいます。韓国当局は金氏の言論の自由を尊重せず、金氏への暴力を制することもしません。金氏のこうした人権状況についての報道を私は朝日新聞で目にしたことがありません。

平成十七（二〇〇五）年、高麗大学名誉教授の韓昇助《ハンスンジョ》氏に雑誌『正論』で、《日韓併合を再評価せよ》と題し〈日本の植民地支配は不幸中の幸いで、むしろ祝福すべきこと。〉

と論じてもらったときのことを思い出します。韓氏は韓国内で「日本帝国主義の手先」と非難され、名誉教授を返上しました。このとき朝日は《日韓40年　隣国から》という連載のなかでごく短く報じました。

平成二十五（二〇一三）年七月二十七日、呉善花氏が韓国への入国を拒否され、日本に引き返すという〝事件〟が起きました。呉氏はソウルで行われる親族の結婚式に出席するため韓国・仁川空港に到着し、入国審査の際に隣接する事務所に行くよう指示され、パスポートの詳細な確認などを受けたうえで、約一時間半後に「入国は許可できない」と告げられました。理由を職員に尋ねても「上からの命令だから」としか答えはなく、呉氏は別室で待機させられ同日夕方の便で日本に送り返されました。韓国に批判的な呉氏の言論活動が入国拒否の理由だったとすれば韓国に言論の自由はないことになります。

呉氏は同月三十一日、東京都内の日本外国特派員協会で会見し、「明らかに言論の自由の侵害で、民主国家としてあり得ない」と韓国に強い抗議を表明しました。呉氏によると入国拒否の理由については日本に戻った後、成田空港でようやく「出入国管理法七六条の規定により」と記された書類を渡されたそうです。同法は韓国の安全や社会秩序を害する恐れのある外国人の入国禁止について定めたものですが、呉氏の言論活動が「安全や社会秩序を害する恐れ」と認定する国が、果たして民主主義や自由社会を名乗れるでしょうか。

呉氏は、平成十九（二〇〇七）年にも母親の葬儀のため出身地の済州島に帰郷した際、空港で入国を一時拒否されたことがあります。

この呉氏の入国拒否について朝日新聞の記事を探してみましたが、同年八月一日付の東京朝刊二面に載った《日韓悪化、サッカー応援でも　両政府、批判の応酬》という記事のなかに〈27日には、韓国への厳しい指摘で知られる韓国出身の評論家で拓殖大学教授の呉善花さん（56）＝日本国籍＝が、仁川空港で入国拒否に遭った。

朴槿恵大統領はたびたび日本に「歴史の直視」を要求しており、韓国政府は厳しい姿勢をとり続けざるを得ない〉というくだりを見つけられただけでした。

言論の自由も学問追究の自由もない

いったい韓国に言論や学問追究の自由はあるのか。二〇一五年十一月十八日、『帝国の慰安婦』〈朝日新聞出版〔日本語書き下ろし版〕平成二十六（二〇一四）年刊〉という従軍慰安婦問題の再検証を試みた著書の内容をめぐって、韓国の朴裕河《パクユハ》・世宗《セジョン》大学教授がソウル東部地方検察庁に在宅起訴されました。容疑は元慰安婦に対する名誉棄損でした。

朝日新聞〈同月二十日付〉によれば、〈同書は朝鮮人慰安婦の背景として、帝国と植民地の関係を提起〉したもので、〈日本の戦争に伴って、貧しく権利の保護も不十分な植民地の朝鮮人女性が慰安婦として送り込まれた構図〉が描かれ、〈「性奴隷」「売春婦」といった対立する主張がある実態について、元慰安婦らの証言をもとに境遇は多様であった〉としたことを〈検察は、慰安婦について、日本国と日本軍によって強制動員され、「性奴隷」と変わらない被害者だった〉にもかかわらず、〈慰安婦が「売春」の枠内の女性であり、「愛国心」を持って日本兵を慰安したとする表現や、「慰安婦たちの『強制連行』が少なくとも朝鮮の領土では、公的には日本軍によるものではなかった」との記述について、「虚偽の事実」を掲載したと判断。元慰安婦の名誉を傷つけ、学問の自由を逸脱した〉と判断し、起訴したとのこと。

検察が「虚偽」とした根拠は「河野談話」やクマラスワミ報告で、「客観的資料」とされています。さすがに翌二十一日付の朝日社説も《歴史観の訴追　韓国の自由の危機だ》と題し、〈史実の正否は検察当局が判断を下すべきものではない。ましてや歴史の解釈や表現をめぐる学問の自由な営みを公権力が罰するのは、きわめて危険なこと〉で、〈研究者が成果を発表するたびに刑事事件で起訴されていたのでは学問は成り立たない。学説や発見、解釈は互いに検証し、批判や反論をし合うことで、研究が進展したり、淘汰されたりするものだ。

異論の封殺は、自由に対する挑戦である。今回の問題は朴さん個人にとどまらない。韓国メディアは起訴を大きく報じていないが、自由を守る声が広がることを願ってやまない〉と検察当局を厳しく批判しました。

これには私も同感です。〈韓国ではこれまでも日本の過去の問題が関係する事案では、法律論よりも国民感情に流されるかのような捜査や判決があった。今回の判断の背景に、そんな要素は働かなかったか〉との指摘も目配りがきいています。

しかし……、ちょっと待てよ。朴裕河氏も、金完燮氏も、呉善花氏も、その言論の自由や学問追究の自由は同じように守られねばならないのではないか。韓国当局も朝日新聞も「学問の自由」の範囲はどこに置いているのか。何を発言し、何を書いたら逸脱なのか。

ソウル東部地裁は二〇一六年一月十三日、朴裕河氏に九千万ウォン（約八百八十万円）の支払いを命じる判決を言い渡しました。判決の根拠には、慰安婦募集の強制性を認めた河野談話や国連報告書もふくまれ、慰安婦と日本軍が「同志的関係にあった」などとした朴氏の表現は「人格権の侵害」と認定され、「慰安婦＝性奴隷」以外の構図は認めないという判断が下されたことになります。

かつて「日韓歴史共同研究」というものがありました。平成二十二（二〇一〇）年三月に報告書が出されましたが、〝政治的に「正しい歴史」〟を掲げる韓国側と〝客観性を担保〟しようとする日本側の認識の隔たりがはっきり出ていました。日韓両国が「日本

＝加害者・韓国＝被害者」という歴史認識を固定化し、日本側が摩擦回避のためにそれを続ければ、共同研究をいくら続けても「事実」に基づく歴史の共通認識の形成には到りません。

韓国の検察は、「言論と出版、学問の自由」を「韓国憲法が保障する基本的権利」だとしながら、秩序維持や公共福利のため必要な場合は「自由と権利の本質的な部分を侵害しない範囲内」で制限できるとしています。

朝日新聞は、金完燮氏や呉善花氏の言論、学問の自由にはほぼ無関心です。その一方、朴裕河氏のことでは「異論の封殺は、自由に対する挑戦である」と立ち上がる。そして韓国の検察はそのいずれをも認めません。

まず「人間」でありたい。そして……

人間である以上、対話を求める相手の感情に寄り添おうとするのは自然なことです。しかし、感情に埋没したら事実を見失いかねません。そして先行譲歩をすれば相手は必ずそれに応えてくれると思うのは日本人の甘さです。残念ながら韓国人はそうは考えません。「日本はやはり自らの非を認めたのだ。だから譲歩するのだ」となるのです。歴史の隠蔽や歪曲とは何なのかの定義を韓国側に握られたまま、摩擦回避のため日本が事実関係を曖昧にして謝罪を繰り返せば、和解も示談もあり得ず、韓国は「解決」というゴールポストを動かし続け、日本は「補償」というゴールポストの枠を広げ続ける連鎖を断ち切ることはできません。

国際社会でいまも続いていることは、紛争や戦争状態の停止や終結にともなう「和解」や「示談」の条件を少しでも自国に有利となるような情報戦、宣伝戦です。

そして、「現実に存在し得る平和」とは、各国が砲弾やミサイルをもって相手の街々を破壊したり人命を傷つけたりすることなく、情報や宣伝によって相手を自らの制御下に置く「洗脳戦」を継続している状態のことです。

戦後の日本人は、江藤淳氏が名付けた「閉ざされた言語空間」のなかで、この戦いに敗れ続けてきました。しかも敗れ続けているという自覚すら持たずにきたのです。

日本が現在の国際秩序を尊重する立場から「洗脳戦」を戦うとすれば、最低限の事実は記憶しておく必要があります。

公明正大の名に値しない東京裁判ですが、それでもそこで科された戦時賠償と戦争犯罪に関わる問題は、サンフランシスコ平和条約で決着しています。

この条約に署名していない韓国とは昭和四十（一九六五）年の日韓基本条約と日韓請求権並びに経済協力協定で、中国とは昭和四十七（一九七二）年の日中共同声明と五十三（一九七八）年の日中平和友好条約で、それぞれ政府間で問題に終止符を打つことで合意しています。

付言すれば、日本は終戦当時の政府予算の約十倍相当の資産を中国に、四倍相当を朝鮮半島に残してきました（請求権を行使しないのですから、これは中国、韓国・北朝鮮の資産になったわけです）。

韓国にはさらに請求権協定によって五億ドルの経済協力（無償三億ドル、有償二億ドル）を実施。加えて民間も約三億ドルを拠出して戦後の韓国の発展を援助しました。中国に対しても平成十二（二〇〇〇）年までに合計三兆円を超える政府開発援助（ODA）を供与し、今日の中国経済の発展に寄与したのです。

「日本は、先の大戦に関わる賠償、補償をしていない」などという中国や韓国の〝言いがかり〟に日本人は惑わされてはならないし、被害者感情に一層寄り添えという日本の良心的メディアの独善的主張にも惑わされてはいけません。

日本人は、情報戦・宣伝戦の渦中にあることを自覚し、攻勢に転じていかねばなりません。そのために自らの物の考え方、思想の根本を疑ってみることが必要です。

私たちが七十年過ごしてきた「戦後」という時間を支配した情報、言語空間はいかなるものだったのか。そこで私たちの思想は無意識、無自覚にある方向、ある価値観に規定されてきたのではないのか。

韓国に言うべきことを言うためには、こうした内なる検証が不可欠です。その作業は、単に韓国だけでなく、日本を貶めようとする存在に立ち向かうための知的鍛錬になるのです。

あとがき

日韓基本条約と日韓請求権協定によって、国交正常化後の日韓関係はどのような約束事や枠組みからスタートしたか。

日韓基本条約を締結し、両国の国交を正常化する際の交渉で問題になったのは、両国の「基本関係」でした。第一は、北朝鮮との関係を両国間においてどう位置づけるか。第二は、日本の統治時代をどう評価するかという問題でした。

第一については、「韓国政府が韓半島唯一の合法政府」という韓国の主張を日本が認めることを韓国は強く求め、最終的に日韓基本条約第三条では、〈大韓民国政府は、国際連合総会決議第一九五号（Ⅲ）に明らかに示されているとおりの朝鮮にある唯一の合法的な政府であることが確認される。〉と記されました。

韓国側は自分たちの主張が通ったと解釈しましたが、日本側の立場は、国連決議には、国連の朝鮮臨時委員会による「観察および協議することができた朝鮮のあの地域に対して」との断りがあり、韓国の主張する「合法政府」の統制力が及ぶ朝鮮は、朝鮮半島全域を明言しておらず北朝鮮に関してはまったく触れていないというもので、北朝鮮と将来国交を結ぶこともあり得るという解釈でした。

本書の基本テーマに関わる第二の論点である「日本統治時代」については、韓国は交渉過程で日本の謝罪と過去に締結したすべての条約、議定書、協定書などを無効とする措置を要求してきました。日本側の立場は、基本条約の前文に表れています。

前文は、〈日本国及び大韓民国は、両国民間の関係の歴史的背景と、善隣関係及び主権の相互尊重の原則に基づく両国間の関係の正常化に対する相互の希望とを考慮し、両国の相互の福祉及び共通の利益の増進のため並びに国際の平和及び安全の維持のために（後略）〉（傍点引用者）相互に全権委員を任命し、次の諸条を協定した、というものですが、両国間の「歴史的背景」を「考慮」するとあるだけで、条約、協定のなかに「謝罪」の文言は一切ありません。

戦前の統治時代に関する日本政府の基本的立場は、当時の国際法上「有効」「合法」だったとするものです。この姿勢は以後の政府も基本的に引き継いでいますが、韓国側に誤解を与えるような「不規則発言」や「不規則談話」が出された結果、「完全かつ最終的に解決された」はずのことが蒸し返される結果を招いているのは何度も述べたとおりです。

日韓基本条約第二条で〈千九百十年八月二十二日以前に大日本帝国と大韓帝国との間で締結されたすべての条約及び協定は、もはや無効であることが確認される〉（傍点筆者）とされました。ここで日韓間の認識の相違は、日本側が日韓併合条約は一九一〇（明治四十三）年から韓国が独立する一九四八（昭和二十三）年まで国際法上は「有効」で、それゆえ日本の統治は「合法」だったという立場であるのに対し、韓国側はこの条文によって過去の条約、協定が締結の当初に遡《さかのぼ》って無効にされたという立場をとったことです。

昭和四十（一九六五）年十一月十九日の国会答弁で佐藤栄作首相（当時）は概略、「旧条約は条約である限り、両者の完全な意思、平等の立場において締結されたことは申し上げるまでもない。したがって、これらの条約はそれぞれ効力を発生していった」と述べ、基本条約の「もはや無効」について、日韓併合条約が当初から無効であったことを認めるものではなく、一九四八（昭和二十三）年を過ぎた時点において無効となったという認識を通しました。

韓国側全権の李東元《イドンウォン》外務部長官は、条約調印後の韓国国会（韓日条約特別委員会）で、概略「われわれの民族感情や日本の韓国支配が不満であったというわれわれの基本的立場から見るときに、それらは当然無効であり、政府としては一九一〇年八月二十二日またはそれ以前に締結されたすべての条約や協定は当初から無効であることが基本条約第二条で確認された」（傍点筆者）と述べ、韓国国内の納得を得ようとしました。

明らかになったのは、「当初から無効」という韓国側の主張は「民族感情」と「感情」しか根拠として挙げられないということです。感情に配慮して無効にしてくれというのは、個人間の約束事ではあり得ても、国家間では容易に認められるものではありません。日本側は交渉過程でも韓国側のこうした「願望」を承知していました。

昭和四十（一九六五）年二月、李東元長官に招待され、椎名悦三郎外相は訪韓しました。その際の日韓共同声明にはこの一文があります。

〈李外務部長官は過去のある期間に両国民間に不幸な関係があったために生まれた、韓国民の対日感情について説明した。椎名外務大臣は李外務部長官の発言に留意し、このような過去の関係は遺憾であって、深く反省していると述べた。〉

しかし椎名外相の「遺憾」「深く反省」との文言は、統治時代の国際法上の無効、非合法を認めたのではなく、過去を振り返れば帝国主義の時代は遺憾であった、両国が将来そのような関係にならないように今日的価値観から反省する、ということで、統治時代の法的解釈で譲歩したのではありません。日韓基本条約と日韓請求権協定は、韓国が日本に「賠償」を求め、日本がそれに応じた条約ではない。

「三国人」という言葉の意味について第一章で述べましたが、日本と韓国は戦争当事国ではないので、サンフランシスコ平和条約で規定された戦勝国による賠償請求権のような権利は韓国に存在せず、また韓国は同条約の調印当事国として会議に参加できる立場でもありませんでした。

韓国が日本に要求できる請求権は国際法上、「領土の分離分割にともなう財産上および民事上の請求権解決の問題」だけでした。日本は請求権を相互に行使すると韓国の負担のほうがはるかに大きくなることから、それを相互放棄することにし、無償資金三億ドル、政府借款二億ドル、民間商業借款三億ドルの計八億ドルを韓国に提供したのです。

当時の韓国の国家予算は三億五千万ドル、外貨準備高が一億三千万ドル、貿易赤字はそれをはるかに上回る二億九千万ドルでした。日本の外貨準備高は十八億ドルでしたから、日本にとっても大変な負担でした。個人補償については、一括して日本政府から資金を受け取った韓国政府が「個人請求権保持者への補償義務を負う」と約束し、それを実施しました。韓国政府の裁量に日本政府が口を差し挟む問題ではなく、日本は個人補償をしていないと今日非難されるいわれはないのです。

日本から巨額の資金を得たものの、韓国内では朴正熙《パクチョンヒ》政権と日本に対する反対デモが激しく長期にわたって続きました。朴政権はその後、日本からの資金を浦項製鉄所建設などの重工業育成や農業支援、科学技術開発、京釜高速道路建設などに投資しました。結果、一九六六〜七五年の十年間に「漢江の奇跡」と呼ばれる経済成長をもたらし、今日の韓国の国力の基礎を築くことに活用されたのです。しかも、日本は平成十二（二〇〇〇）年まで韓国にODAを供与していました。日本は韓国の戦後の発展にできる限りのことをしてきたのです。

韓国人の多くが、こうしたもう一方の日韓関係の事実を知りません。韓国政府も積極的に広報せず、韓国メディアもほとんど報道してきませんでした。日本人もまた韓国に貢献してきたことを知らず、謝罪と補償が足りないのだと、それればかり思い込んでいます。

日韓関係の風通しの悪さは、事実に向き合わない韓国と相手の感情に寄り添いすぎる日本の双方に問題があります。韓国は変わらないとしても、日本は変わっていくべきです。事実をしっかり認識し、いかなる国に対しても、恐れず阿《おもね》らずそれを発信し、毅然と態度で示していく——。

日本が自立的変化をしていけば、おのずと韓国との関係も変わっていくでしょう。相手が約束を守る誠実な国であれば、日本も同じように約束を守り誠意を尽くす。しかし、約束を反故《ほご》にし、理不尽な要求をあまりに重ねて何とも思わないような相手なら、こちらもそれに応じて変化する。「韓国への反論」は、そうした日本になるための一歩です。

本書執筆にあたっては、雑誌『正論』の編集者時代に手がけた数々の企画成果を参照しました。金完燮氏、呉善花氏、西岡力氏、渡部昇一氏、草思社の増田敦子氏らインタビュー、対談などの機会に様々ご教示くださった各位に御礼申し上げます。

平成二十八年一月二十日

上島嘉郎

【重版にあたって】一七九～一八〇ページにかけてヘレン・ミアーズ氏の『アメリカの鏡・日本』（伊藤延司訳）を引用しましたが、初版で記した「新皇帝（純宗）が懇願した」を「請願した」に改めました。同書の邦訳初出は昭和二十八年の原百代氏訳による『アメリカの反省』で、当該箇所は「歎願」となっています。後年の雑誌記事等では「懇願」もあり、筆者がそれらに当たった際の数種のメモが執筆時に混じってしまい、伊藤氏の訳本との整合性を欠いてしまいました。英語原文は「petition」で、訳語としては「請願」「申請」「歎願」「懇願」等々が出てきますが、今版は伊藤氏訳の最新刊に依り、ミアーズがペイソン・トリートの著作から引用して述べた箇所も略さずに記しました。初版において正確さを欠いたことをお詫び申し上げます。

＊

本書冒頭に記した平成二十七（二〇一五）年の「日韓合意」は、三年近く経過して事実上韓国に反故にされました。朴槿恵政権から文在寅政権に代わり、対日非難は一層強まり、慰安婦問題に加え「徴用工」問題が持ち出されています。日韓基本条約と請求権協定によって築かれたはずの戦後の日韓関係の土台が大きく揺らいでいます。日本はどうすべきか――。韓国だけでなく、半可な知識で日本に批判的な態度をとる世界各国に対しても、日本はキッチリ主張していかねばなりません。改めて本書が役に立てば筆者として幸いです。

（平成三十年十二月八日）

【特別付録】

「サクサク反論」ガイド

もしも韓国にこう言われたら……

①日韓併合で日本が韓国の主権を奪った。

【答】「主権」とは「他国の支配に服さない統治権力」のことです。本編で述べたとおり、そもそも李氏朝鮮は事実上清国の属国でした。列強のなかで朝鮮を独立国と見なしていた国はありません。朝鮮の近代国家としての独立を望んだ日本が、宗主国としてそれを許さぬ清国と戦い勝利した結果（下関条約）、大韓帝国は成立しました。その後、大韓帝国と大日本帝国とは条約を結んで一体化したのです。日韓併合は二つの帝国の「合邦」であって、韓国の独立・主権を奪ったのではありません。

＊下関条約第一条〔清国による朝鮮国の独立の確認〕清国は朝鮮国の完全無欠なる独立自主の国たることを確認す。因って右独立自主を損害すべき朝鮮国より清国に対する貢献典礼等は将来全く之を廃止すべし。

②日韓併合は日本から圧力がかかった一方的なもの。だから侵略だ。

【答】アメリカの女性歴史家ヘレン・ミアーズ氏が『アメリカの鏡・日本』で〈日本が韓国を併合したのは、新皇帝（純宗）が懇願したからだった。日本は一つ一つ手続きを外交的に正しく積み上げていった。そして宣言ではなく条約で最終的な併合を達成した。列強の帝国建設はほとんどの場合、日本の韓国併合ほど合法的な手続きを踏んでいなかった〉と記したとおりです。また一進会のように韓日合邦を求める韓国人も大勢いました。今日の価値観で侵略といっても、当時の国際社会は日韓併合を正当と認めたのです。

③日本は創氏改名で韓国の民族的アイデンティティを奪った。

【答】創氏改名は韓国人のアイデンティティを根こそぎにしようとしたものではありません。創氏とは、朝鮮式の「本貫（本籍）と姓」とは別に新たに一つの家族名として「氏」を創設する制度で、「改名」は日本式に名乗ってよいという制度で任意でした。「創氏」は家族の一体感と女性の地位向上をもたらし、日本式の名前はそれを望む韓国人が多かった事情もあります。朝鮮総督府は法的な強制をしていません。陸軍中将・洪思翊、衆議院議員・朴春琴ら、改名せずに朝鮮名のまま活躍した人も少なくありません。

④日本は朝鮮語をわれわれから奪い取った。

【答】朝鮮総督府は公立学校を中心に日本語、朝鮮語、算数、日本史、朝鮮伝統の修身などの教育を行いました。朝鮮語を捨て去れと命じたことはありません。終戦までの数年間、朝鮮語教育を停止しましたが、日常的に朝鮮語の使用を禁じたのではありません。

現在韓国人が使っているハングルも、支配層である両班《ヤンバン》が排斥して四百数十年間使われていなかったものを「朝鮮民族の言葉」として復活させ、両班、庶民の区別なく普及させたのは日本です。学校でハングル・漢字・日本語教育を推し進めた結果、朝鮮の識字率は一九一〇年に約六％だったのが一九四三年には二二％まで上昇しました。

⑤朝鮮総督府は韓国の発展に一切貢献していない。われわれを搾取しただけだ。

【答】 日本統治時代に生まれ育った朴贊雄《パクチャンウン》氏はこう語っています。
〈朝鮮は日本の植民地になったおかげで、文明開化が急速に進み、国民の生活水準がみるみるうちに向上した。学校が建ち、道路、橋梁、堤防、鉄道、電信、電話等が建設され、僕が小学校に入るころ（昭和八年）の京城（現ソウル）は、おちついた穏やかな文明国のカタチを一応整えていた。〉（『日本統治時代を肯定的に理解する』）

日本は朝鮮半島の社会基盤を整え、近代的な教育制度を導入し、近代司法による法治主義を採り、李朝時代の牢固たる身分差別を排して韓国の民生向上に努めました。その原資は日本内地の税金です。統治以前の朝鮮半島の人口は一千万足らずでしたが、日本統治時代に約二千五百万まで増加しました。搾取ではなく民生向上の何よりの証です。

⑥日韓併合がなくてもわれわれは近代化できた。

【答】福澤諭吉は明治十八（一八八五）年の『脱亜論』で、朝鮮について概略こう述べました。

〈改革や進歩の道を知らず、古くさい慣習にしがみつくばかりで、教育を論じれば儒教主義といい、学校で教えるべきは仁義礼智といい、一から十まで外見の虚飾ばかりにこだわり、実際においては真理や原則をわきまえることがない。文明東進の情勢の中にあっては、とても独立を維持する道はない。

われらの明治維新のように、幸い国の中に志士が現れ、進歩の手始めとして政府の大改革を企て、政治を改めるとともに人心を一新するような活動があれば、それはまた別である。もしそうならない場合は、今より数年たたぬうちに亡国となり、その国土は世界の文明諸国に分割されることは、一点の疑いもない。〉

福澤は朝鮮の開化派として訪日した金玉均と親交がありました。福澤は朝鮮を蔑視したのではありません。福澤の見立てどおり、残念ながら李氏朝鮮には近代化のための条件がまったくありませんでした。開化派を弾圧したように、李朝自身が変化を拒んでいたのですから自発的な近代化は不可能です。

⑦日韓併合がなかったら、われわれはもっと早く近代国家になっていた。

【答】韓国人・金完燮《キムワンソプ》氏の言葉を借りましょう。

〈二〇世紀初め、外国の勢力による改革、それも日本統治による徹底した清算がなかったなら、こんにちの朝鮮半島は世界でもっとも遅れた地域のひとつにとどまっていただろう。となれば、日本時代は私たちにとって幸運であり祝福であったということはできても、忘れたい、あるいは認めたくない不幸な過去だといえるはずはないのである。〉（『親日派のための弁明』）

近代化には社会の安定（法治の徹底）や教育の普及、産業基盤の整備などが前提になります。当時の朝鮮にそれはありませんでした。

⑧安重根は英雄である。

【答】韓国人がそう考えるのは自由です。しかし、わが日本にとっては、菅義偉官房長官が述べたように初代韓国統監・伊藤博文を暗殺した「死刑判決を受けたテロリスト」です。韓国人の認識に私たちが共感同意することはできません。日韓併合は日本のプラスにならないと反対していた伊藤の死によって日本は併合を決断しました。ちなみに韓国の民情を汲んだ当時の日本は、安重根を「義士」として扱い、二人の弁護士をつけて彼の弁明を援け、公正な裁判に努めました。監獄での食事も上等の白米に果物や茶をつけ、衣類の支給と入浴もありました。

⑨二十万人もの従軍慰安婦が日本軍に強制連行された。

【答】当時朝鮮半島の総人口は約二千五百万人でした。二十万人を慰安婦にするためには朝鮮の全女性（老若問わず）の約六十人に一人を連行しなければなりません。物理的にあり得ない数字です。日本の軍・官憲が慰安婦の募集に当たって直接強制した証拠は存在しません。貧困による人身売買の悲劇はありました。日本はそれに対し「アジア女性基金」と首相のお詫びの手紙を以て償いましたが、それは「慰安婦強制連行」を事実として認めたものではありません。ただ韓国に誤解を与えるような新聞記事と政府談話が、これまで重ねて発せられたことはまことに遺憾です。

⑩韓国人は無理矢理徴兵された。

【答】日本統治下の朝鮮半島で徴兵制が実施されたのは昭和十九（一九四四）年三月からです。昭和十二（一九三七）年十二月に「朝鮮人特別志願兵制度」を閣議決定し、翌十三年に四百名を採用しました。朝鮮総督府は訓練所を平壌と京城に置き、その後五年にわたって志願兵を募りましたが、応募者は驚くほど多かったのです。

倍率でみると昭和十三（一九三八）年七・七倍、十四年（一九三九）二〇・一倍、十五（一九四〇）年二七・六倍、十六（一九四一）年四五・一倍、十七（一九四二）年六二・四倍、十八（一九四三）年五六・七倍です（昭和二十〔一九四五〕年五月「内務省」資料）。募集に当たっての甘言や威圧もあったようですが、少年航空兵や予科練に応募する朝鮮人のなかには血書嘆願する者も多数いました。昭和十九（一九四四）年三月以降の徴兵は、内地の日本人と同じ扱いになったということです。志願兵には特攻隊員になった者もいますが、徴兵による兵士たちは訓練期間中に終戦を迎えたため、前線にはほとんど動員されていません。

⑪「在日」と呼ばれる人たちは強制徴用された人たちの子孫だ。

【答】 今日「在日」と呼ばれる人々のほとんどは、戦時徴用で日本に渡った朝鮮人の子孫ではありません。

本編に述べた以外にも、自民党の高市早苗代議士が平成二十二（二〇一〇）年三月十日の衆議院外務委員会の質問で明らかにした「在日朝鮮人の渡来および引き揚げに関する経緯、とくに戦時中の徴用労務者について」（昭和三十四〔一九五九〕年七月十一日付の外務省記事資料）という記録があります。

それによれば、当時登録されていた在日朝鮮人約六十一万人について〈関係省の当局において、外国人登録票について、いちいち渡来の事情を調査した〉結果、〈戦時中に徴用労務者としてきたものは二百四十五人にすぎない。（中略）現在日本に居住している者は、みな自分の自由意思によって日本にとどまった者また日本生まれのものである。したがって現在日本政府が本人の意思に反して日本にとどめているような朝鮮人は犯罪者を除き一名もない〉とあります。「戦前の日本は酷いことをしたはず」という思い込みによる同情論から「在日」の存在を見るのは当を得ていません。

⑫韓国への戦後補償は終わっていない。

【答】日韓基本条約および請求権協定ですべて決着しています。また、この条約と協定の締約日以前に生じた事由に基づくものに関しても「いかなる主張もすることができないものとする」旨の一文も交わされています。日韓両国政府による正式な条約で、日本はこれに基づいて無償資金三億ドル、政府借款二億ドル、民間商業借款三億ドルの計八億ドルを韓国政府に提供しました。ちなみに当時の日本の外貨準備高は十八億ドルです。

韓国政府も、補償問題は一九六五年の日韓国交正常化の際に日本政府から受け取った「対日請求権資金」ですべて終わっているとの立場を再々表明しています。

⑬日本の歴史教科書は本当の歴史を歪曲している。

【答】韓国側の主張する「本当の歴史」とは何でしょうか。日本と韓国の間には「加害者・被害者」の関係しかなく、日本はそれを認めよということならば、日本は受け容れることはできません。多国間にわたる歴史的な出来事は一方向だけからは語れません。それぞれの国に「国史」があります。

同じ歴史事象を眺めても、見る位置が違えば形を変えます。円錐形は真横から見れば三角形ですが、真上もしくは真下から見れば円形です。歴史とはそのように多様に語られるもので、そのなかで他国と共有できる認識もあれば、共有できない認識もあります。日韓両国にとって肝心なのは、両国が受容し得る認識はどのようなものかを学問的に、多面的に検討することであり、それ抜きに、一方が他方に完全に同意することではありません。

⑭A級戦犯を祀っている靖国神社への閣僚参拝は止めろ。

【答】戦後GHQ内に靖国神社を焼き払うかどうかの議論がありました。当時、駐日ローマ法王庁バチカン公使代理でもあったブルーノ・ビッテル神父はこうマッカーサーに献言しました。

「靖国神社を焼き払ったとすれば、米軍の歴史にとって不名誉きわまる汚点となって残るであろう。歴史はそのような行為を理解しないに違いない。自然の法に基づいて考えると、いかなる国家も、その国家のために死んだ人々に対して敬意を払う権利と義務がある。それは戦勝国か敗戦国かを問わず、平等の真理でなければならない。いかなる宗教を信仰する者であろうと、国家のために死んだ者は、すべて靖国神社に、その霊を祀られるようにすることを進言するものである」

わが国の殉難者への慰霊に韓国が非難を繰り返すのは、相互の歴史を尊重する立場からは程遠い、著しい内政干渉です。

⑮秀吉の出兵、日清戦争、日露戦争、日韓併合等、歴史的に日本は韓国への侵略を虎視眈々と狙っている。

【答】豊臣秀吉という特異な武将によって朝鮮出兵はなされました。しかし秀吉の意思が明治開国以後の日本に影響したわけではありません。列強のアジア蚕食を目の当たりにした日本は、国防のために朝鮮半島の安定を何より望みました。李氏朝鮮が独力で朝鮮半島の安定を保てる存在であったなら、日本は朝鮮半島への進出を考える必要はありませんでした。日本に領土的な野心はなく、ひとえに列強の圧力、とくにロシアの南下に対峙するために朝鮮半島に関わらざるを得なかったのです。

⑯独島《トクト》は歴史的にも韓国領だ。百歩譲って領土問題があるとしても、独島は韓国が実効支配しているのだから、事実上韓国の領土だ。

【答】韓国が独島と呼ぶ竹島は、歴史的にも国際法的にも日本の領土ですが、被占領下に〝火事場泥棒〟のように李承晩大統領によって奪われました。韓国は自国にまったき正当性があると主張するならば、日本が求める国際司法裁判所に出てくるべきです。出られないのは、自ら正当性に疑問を持っているからです。

⑰日本人はもともと韓国出身だ。

【答】古墳時代に朝鮮半島から日本に帰化した人々は少なくありません。たとえば鬼室《きしつ》集斯《しゅうし》は近江蒲生野に移り住んだ七百人以上の百済系帰化人の首長の一人で、大和朝廷に仕えて天智天皇の信任を得て学識頭《ふみのつかさのかみ》として日本の官吏養成に尽力したと『日本書紀』にあります。今日の日本人に朝鮮半島をルーツにする人々がいるのは間違いありませんが、日本人の主な祖先が朝鮮半島出身だったということはあり得ません。

大括りにいえば、日本列島に生まれた人々と黒潮に乗ってやってきた南洋系の人々に、朝鮮半島系の人々がミクスチャーされ出来上がったのが日本人といってよいでしょう。しかし、私たちの主な祖先はあくまで日本列島に生まれた縄文人です。詳しくは長浜浩明氏の『日本人ルーツの謎を解く』（展転社）をお勧めします。

⑱天皇は韓国出身だ。

【答】天皇陛下が平成十三（二〇〇一）年十二月二十三日の誕生日の会見で、「桓武天皇の生母が百済の武寧王《ぶねい》の子孫であると『続日本紀』に記されていることに、韓国とのゆかりを感じています」と語られたことをもって、皇室のルーツは韓国にあるという説を、あたかも天皇陛下が認められたかのように言い募る向きがありますが、このお言葉は韓国との友好を願われる陛下のお気持ちの現れで、歴史的にそうだとお認めになったわけではありません。『古事記』、『日本書紀』の記述からも韓国側の主張を裏付けるものはありません。古代から朝鮮半島との様々な交流があったことは事実ですが、「天皇の韓国起源説」は韓国人の願望もしくは妄想の類というほかなく、どうしてもそう主張したいのならば歴史的な検証に堪え得る資料を示すべきです。「交流があった」ことと「起源とする」こととはまったく違います。

⑲漢字も仏教も陶器も全部韓国が日本に教えてやったものだ。

【答】わが国の遣隋使も遣唐使も、隋や唐に渡って文物の吸収につとめたものです。経由地の朝鮮半島の人々との交流は事実ですし、学んだことも少なくないでしょう。華夷秩序においては日本が教えを請う立場に見えたのは自然です。その自負心を韓国人が持つことを私たちはけしからんとは思いません。しかし、その後そうした文物を自家薬籠中の物にし、さらに独自に磨き上げ「日本文化」を創り上げていったのは日本人自身の努力です。

⑳寿司の起源は韓国にある。

【答】相撲、空手、柔道、剣道、茶道、華道、歌舞伎…韓国は日本の様々な事物を韓国起源と言い募っていますが、自国優越意識から産み出される妄想の一つとしかいいようありません。寿司もまた日本食の一つとして世界的に認められるようになって唐突に韓国起源を言い始めたものです。世界に認められる素晴らしい物はみな韓国がルーツという主張ですが、それにまともに取り合っている国はありません。

寿司（鮨）は握り寿司、巻寿司、押し寿司などがありますが、浮世絵などを見てもわかるように江戸時代中後期には今日と同じような握り寿司が日本人の食文化として成立していました。韓国料理には魚介類を生で食す文化はほとんど見られません。今日の握り寿司とは違いますが、寿司（鮨）は奈良時代から存在し、平安時代の『延喜式』（「主計寮式」）には諸国からの貢納品として鮓・鮨の語が多く出てきます。またわが国では古代から魚介類の生食文化があり、『日本書紀』にも天皇が鰹と蛤の膾《なます》を食したとあります。韓国が自国起源を主張する寿司がどのような形状を差すのか不分明ですが、自尊心の発露はもう少し節度をもってしてほしいものです。

筑波大学大学院教授の古田博司氏の言葉を韓国に送ります。

〈韓国人は自らの歴史から学び続ける。「剣道も茶道もうちが正統で日本が亜流。孔子さまも韓国人、中国人ではない」。周りの国々が唖然とするウリナラ起源説をとうとうと述べる。これぞ正統性コンプレックスの極みだ。〉（平成二十五年十二月五日付産経新聞【正論】「朱子学の影引きずる朴氏の反日」より）

韓国には言うべきことをキッチリ言おう！
――いわれなき対日非難「サクサク反論」ガイド

２０１６年２月25日　初版発行
２０１９年１月10日　２版発行

著者　上島嘉郎

上島嘉郎（かみじま　よしろう）
ジャーナリスト。１９５８年、長野県生まれ。愛媛県立松山南高校卒業。フリーランスを経て、91年に産経新聞社入社。サンケイスポーツ編集局整理部を経て95年に退社。『月刊　日本』創刊編集長を務める。98年に産経新聞社に復帰。以降、『別冊正論』編集長、『月刊　正論』編集長、『正論』編集委員兼別冊編集長を歴任し産経新聞社を退社。編著者として『日本の正論』（01年、産経新聞社）、『恐れず、おもねらず』（03年、同）、『石原慎太郎の思想と行為（全８巻）』（12年、産経新聞出版）、共著（日下公人氏との）に『優位戦思考に学ぶ大東亜戦争「失敗の本質」』（15年、ＰＨＰ研究所）がある。

発行者　佐藤俊彦
発行所　株式会社ワニ・プラス
〒１５０-８４８２
東京都渋谷区恵比寿４-４-９えびす大黒ビル７Ｆ
電話　０３-５４４９-２１７１（編集）

発売元　株式会社ワニブックス
〒１５０-８４８２
東京都渋谷区恵比寿４-４-９えびす大黒ビル
電話　０３-５４４９-２７１１（代表）

装丁　橘田浩志（アティック）
小栗山雄司

印刷・製本所　大日本印刷株式会社
ＤＴＰ　株式会社ＹＨＢ編集企画

ISBN 978-4-8470-6092-2
ワニブックスＨＰ　https://www.wani.co.jp